KB041624

설민석의 무도 한국사 특강

휴먼큐브

설민석의 무도 한국사 특강　: 문화유산 편 3

1. 기술력과 신앙심의 결정체, 석굴암 ✽ 007

2. 불상도 모르는 불쌍한 중생을 위하여…… 역사 속의 불상 ✽ 023

3. 이소룡도 반해버린 한국의 탑 ✽ 037

4. 읽는 데만 30년! 팔만대장경 ✽ 055

5. 독자 여러분, 돈 많이 버세요! 한국의 화폐 ✽ 069

6. 알면 알수록 빠져드는 우리의 세시풍속 ✽ 085

7. 초상화부터 풍속화까지! 만능 재주꾼, 단원 김홍도 ✽ 099

8. 난 여자가 아니랍니다, 혜원 신윤복 ✽ 121

9. 설민석도 그린 민화, 당신도 그릴 수 있어요. 한국의 민화 ✽ 141

10. 간도와 독도 이야기 ✽ 161

본문 자료 출처 ✽ 176

석굴암 통일신라시대에 경주 토함산에 세워진 석굴 사찰. 경덕왕 10년인 751년에 재상이었던 김대성이 공사를 시작하여 혜공왕 10년인 774년에 완성했다. 신라시대 건축뿐 아니라 한국 건축을 대표하는 문화재로 손꼽힌다.

기술력과 신앙심의 결정체, 석굴암

요즈음에는 많은 학생들이 수학여행을 제주도로 가거나 간혹 해외로 나가는 경우도 있지요. 그런데 예전에는 수학여행이라고 하면 떠올리는 곳은 단 한 군데였습니다. 바로 경주예요. 그리고 경주 수학여행의 상징과도 같은 존재가 바로 석굴암이었습니다. 아마 여러분도 학생 때 한 번쯤은 석굴암을 방문한 기억이 있을 거예요. 설령 가본 적이 없다 해도 석굴암은 책이나 텔레비전을 통해 누구나 한 번쯤은 보았을 법한, 우리에게 아주 익숙한 문화재입니다.

이렇듯 아주 친숙한 존재인 석굴암인데, 만약 어떤 외국인이 다가와 석굴암의 가치에 대해 묻는다면 여러분은 막힘

없이 대답할 수 있을까요? 석굴암과 불국사는 1995년에 장경판전, 종묘에 이어 우리나라에서 세 번째로 유네스코 세계 문화유산에 등재된 세계적인 문화유산인데 말이죠.

석굴암 탄생의 배경

먼저 석굴암이 어떻게 탄생했는지부터 살펴볼까요? 석굴암은 통일신라가 아주 높은 문화적 수준을 꽃피웠던 8세기에 건설되었어요. 8세기의 통일신라는 왕권이 강화되고, 당과 활발하게 교류하면서 나라가 안정되었던 시기였습니다. 『삼국유사』에는 경덕왕 대의 재상인 김대성이라는 사람이 현생의 부모님을 위해 불국사를, 전생의 부모님을 위해 석불사를 세웠다고 전하는데, 이 석불사가 바로 우리가 알고 있는 석굴암입니다.

세계 유일의 인공 석굴 사원인 석굴암은 경덕왕 때인 751년부터 제작되기 시작해서 혜공왕 때인 774년에 완성되었습니다. 20년이 넘는 시간을 들여 제작한 것이죠. 그렇다면 김대성은 왜 하필 '석굴' 사원을 만들 생각을 했을까요?

불교의 발원지인 인도나 우리나라에 불교를 전해준 중국에서는 암벽을 파서 굴을 만든 다음 그 안에 사원을 꾸리는 석굴 사원 제작이 유행했어요. 대표적으로 인도의 아잔타 석굴, 엘로라 석굴, 중국의 룽먼(용문) 석굴, 둔황(돈황) 석굴 등이 있죠.

하지만 우리나라는 이런 유행을 따르기가 힘들었습니다. 우리나라의 지반은 인도나 중국과 달리 단단한 화강암이 대부분이라 암벽을 파낸다는 게 쉬운 일이 아니었거든요. 그래서 김대성은 암벽을 파내는 대신, 적당한 크기로 다듬은 돌을 조립해서 동굴 구조를 만들기로 마음먹었습니다. 어떻게 해서든 석굴 사원을 만들어내겠다는 김대성의 의지도, 그 의지를 실제로 구현해낸 신라 장인들의 기술도 모두 대단하다는 생각이 듭니다.

석굴암 본존불은 그냥 앉아 있는 것이 아니다

석굴암 본존불의 모습은 석가가 악마를 물리치고 깨달음을 얻는 순간을 나타내고 있습니다. 본존불이 취하고 있는 수인手印. 손갖춤이라고도 하며, 부처나 보살의 깨달음의 내용을 손 모양으로 표현한 것을 보면 왼손은 손바닥을 위로 향하여 배꼽 앞에 두고, 오른손은 내려 다섯 손가락으로 땅을 가리키되 검지는 살짝 들어올린 모양입니다. 이 수인을 항마촉지인降魔觸地印이라고 하는데요. 땅을 가리키고 있는 오른손은 악마에 대항해 땅

본존불 정면에서 본 항마촉지인

의 신을 불러낸다는 의미를 띠고 있습니다. 이 항마촉지인에 얽힌 이야기를 살짝 풀어보면 다음과 같습니다.

석가는 깨달음을 얻기 위해 가부좌를 틀고 앉아 득도하지 않으면 이 자리를 떠나지 않겠다고 굳게 결심했습니다. 그때 파순波旬이라는 마왕이 식구들을 이끌고 와서 갖가지 방해를 하는데, 만약 석가모니가 깨달음을 얻고 부처가 된다면 모든 중생이 구제되고 마왕의 위력은 감퇴할 것이라 믿었기 때문입니다. 마왕은 우선 아름다운 미녀를 보내 세속의 쾌락이 출가의 즐거움보다 더 크다고 석가를 유혹했습니다. 그러나 이 시도는 실패했고, 이에 마왕은 지하 세계의 모든 세력을 동원하여 힘으로 석가를 쫓아내려 했습니다. 마왕이 석가에게 칼을 들이대며 "나무 아래 앉아 무엇을 구하는가. 빨리 떠나라. 너는 신성한 금강보좌에 앉을 가치가 없는 자이다"라고 협박하자, 석가모니는 "천상천하에 이 보좌에 앉을 수 있는 사람은 나 하나뿐이다. 지신地神이여, 이를 증명하라!"고 외치며 단전에 모았던 오른손을 풀어 검지로 땅을 가리켰죠. 이에 지신이 뛰쳐나와 이를 증명했다고 합니다. 그래서 이 자세를 마왕을 굴복시키고 땅을 가리켰다(땅에 손을 댔다)는 뜻으로 '항마촉지인'이라 부르는 것이죠.

치밀한 수학적 계산으로 설계된 석굴암

앞서 석굴암이 우리나라에서 세 번째로 유네스코 세계 문화유산에 등재된 뛰어난 문화유산이라고 말씀드렸습니다. 석굴암의 뛰어난 점은 크게 두 부분으로 나눠볼 수 있습니다. 하나는 본존불을 비롯한 주변의 여러 조각들이 아름답고 정교하게 제작되었다는 점이고, 다른 하나는 석굴암을 건설할 때 매우 치밀한 수학적 계산과 건축 기술을 사용했다는 점입니다.

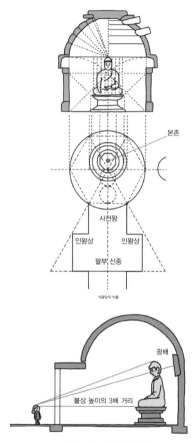

본존

사천왕

인왕상   인왕상

팔부 신중

석굴암의 비율

광배

불상 높이의 3배 거리

키 160cm인 예배자와 석굴암의 비율

앞장의 그림은 석굴암에 반영된 수학적 비례들을 표현한 것인데요, 다소 복잡해 보이지만 간단히 말하자면, 본존불의 높이와 너비, 통로의 길이와 너비, 본존불이 앉아 있는 방의 크기, 본존불 뒤에 배치된 조각들의 배열 등 석굴암 제작에 필요한 모든 수치가 철저하게 계산된 비례를 따른다는 것입니다.

석굴암 천장   석굴암 본존불의 광배

특히 석굴암의 천장은 돔 형태를 하고 있는데, 돔이 지금은 흔하지만 사실 굉장한 기술력이 필요한 건축 형태입니다. 석굴암의 천장은 360개의 돌로 정교하게 돔을 짜 맞추고 그 사이사이에 일종의 균형 장치라 할 수 있는 쐐기돌을 박아 넣은 형태인데, 이 구조가 아주 튼튼해서 20톤이나 되는 천

장의 뚜껑돌을 천 년이 넘는 시간 동안 지탱하고 있는 것입니다.

또한 본존불 뒤편의 광배光背, 불상의 머리나 몸체 뒤쪽에 있는 원형 또는 배 모양의 장식물로, 부처님의 몸에서 나오는 빛을 형상화한 것는 약간 타원형으로 생겼는

본존불 주변의 감실

데, 예배자가 아래에서 본존불을 올려다보면 석굴암의 얼굴이 광배의 한가운데에 위치하고 광배도 타원형이 아닌 원형으로 보인다고 하니, 석굴암은 예배자의 시선까지 고려해서 만든 디테일의 극치라고 할 수 있겠습니다.

석굴암의 수난

여러분은 동굴에 들어가본 적이 있나요? 동굴에 들어가면 먼저 서늘하고 습하다는 느낌을 받게 되죠. 석굴암 역시 돌을 조립해서 굴을 만든 것이기에 습도 조절이 큰 문제였습니다. 석굴암 내부에 이슬이 맺히면 귀하신 부처님의 몸에

이끼가 낄 수도 있으니까요. 그래서 석굴암에는 스스로 습도를 조절할 수 있는 장치가 마련되어 있었습니다.

우선 본존불을 둘러싸고 있는 벽에는 감실龕室, 불교, 유교, 가톨릭 등 종교에서 신위, 작은 불상, 성체 등을 모셔둔 곳이 마련되어 있고, 감실 안에는 작은 보살상들이 놓여 있습니다. 이 감실을 이루는 돌과 감실을 받치는 돌 사이에는 약간의 틈이 있는데, 그 틈이 환기구의 역할을 하고 있습니다. 또한 지하수가 본존불 밑바닥을 지나게 함으로써 내부 온도를 조절해 본존불에 이슬이 맺히는 것을 방지했습니다. 그 덕분에 석굴암은 천 년이 지나도록 원래의 모습을 간직할 수 있었죠.

하지만 일제강점기에 석굴암은 큰 수난을 겪게 됩니다. 당시 일본에서는 우리나라 곳곳의 유적지를 발굴하고, 문화재를 조사하고, 수리하는 작업을 진행했습니다. 이때 석굴암의 돌을 다 뜯어내고 재조립하는 과정에서 원래의 모습대로 조립을 하지 못해 환기를 위한 장치들이 다 망가졌으며, 본존불 아래로 흐르는 물길도 습기가 찰 것이라며 막아버렸습니다. 또한 석굴암의 겉면에는 석굴암을 보호한다는 명목으로 콘크리트 칠을 했죠.

하지만 당시의 최고 재료였던 콘크리트는 오히려 석굴암의 환기에 방해가 되었고, 이후 석굴암은 이끼로 뒤덮이게 되었습니다. 결국 광복 이후 우리 정부는 석굴암의 훼손을 막기 위해 석굴암에 유리벽을 치고, 온도와 습도를 조절하는 기계를 설치하였습니다. 이 때문에 현재 우리는 석굴암을 유리벽 너머로밖에 볼 수 없게 되었죠. 현대의 과학기술이 되레 석굴암을 망치게 되었다니, 때로는 옛 사람들의 방식이 현대의 방식보다 훨씬 더 뛰어나다는 생각이 듭니다.

해탈 어벤져스! 석굴암 본존불과 여러 조각들

석굴암에 담긴 기술력을 살펴보았으니, 이제는 석굴암에 담긴 예술성을 느껴보겠습니다. 석굴암과 불국사는 김대성이 한 세트로 구성한 사원입니다. 불국사가 부처님의 세계로 들어가는 과정을 현실에 옮긴 것이라면, 석굴암은 해탈의 순간을 현실 세계에 구현한 것이죠. 석굴암의 세밀하고 아름다운 조각들은 석굴암을 방문하는 사람들에게 정말로 부처님을 만난 것 같은 느낌을 줬을 거예요.

우선 석굴암에 들어서면 부처님의 세계로 가는 길을 지키는 문지기 신 금강역사^{인왕} 한 쌍이 무서운 표정으로 우리를 내려다봅니다. 나쁜 마음을 품고 있는 사람을 금방이라도

멀리서 바라본 석굴암 석굴

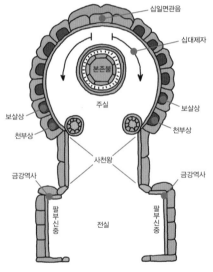

석굴암 배치도

사천왕상　　　　　　　십대제자상　　　　　십일면관음보살상

주먹으로 내리칠 기세입니다. 금강역사상을 지나면 부처님 세계의 동, 서, 남, 북 사방을 지키는 사천왕四天王이 등장합니다. 사천왕은 일반 사찰의 입구에서도 쉽게 만나볼 수 있죠. 사천왕은 저마다 무기를 들고, 발로는 마귀를 짓밟고 서 있습니다.

　이렇게 금강역사와 사천왕이 지키는 곳을 통과하면 본존불을 만날 수 있는데요, 석가모니의 모습을 표현한 본존불 주변에는 석가모니의 여러 제자들, 그리고 부처가 되기 위해 수행을 이어나가는 보살상들이 쭉 늘어서 있습니다. 수많은 보살상 중에서도 그 조각이 으뜸인 것은 바로 본존불 뒤에 있는 십일면관음보살상입니다. 11개의 얼굴이 새겨진 관을 쓰고 있는 이 관음보살상은 얼굴과 관의 표현이 아주 사실

적이어서 통일신라의 조각 수준을 잘 보여주고 있습니다. 마지막으로 석굴암의 주인공인 본존불은 넓고 부드러운 어깨, 은은한 미소, 유려한 곡선으로 이루어져 있으면서 인체의 비율이 알맞게 표현된 몸이 특징입니다. 이 본존불은 통일신라의 조형미의 정점을 이루는 작품이자 이후 제작되는 불상의 기준점이 되었습니다.

통일신라 사람들의 마음을 담은 석굴암

지금까지 석굴암에서 볼 수 있는 통일신라의 뛰어난 기술력, 미적 감각, 섬세한 조각 기법 등 눈에 보이는 가치들에 대해 살펴봤습니다. 하지만 우리가 결코 잊어서는 안 될 점이 한 가지 있어요. 바로 석굴암이 본래 예배 장소였다는 점입니다. 즉 이렇게 뛰어난 석굴암을 제작할 수 있었던 데에는 신라인들의 신앙심이 그 밑바탕에 있었다는 것이죠. 아무리 돈이 많고 기술이 뛰어나도, 부처님의 세계를 현실로 구현해보겠다는 마음이 없었다면 석굴암은 탄생할 수 없었을 것입니다.

석굴암 본존불은 경주 동남쪽에 위치한 토함산에서 일출이 아주 잘 보이는 위치에 동해를 바라보며 앉아 있습니다. 아마도 천 년 전 신라 사람들은 떠오르는 태양 빛을 반사시키며 영롱한 빛을 내는 본존불의 이마를 보며 부처님의 진리의 빛이라고 느끼지 않았을까요? 또는 은은한 미소를 띤 석굴암 본존불의 상호相好. 부처님의 얼굴이나 신체적 특징를 바라보며 부처님의 자비를 느끼고, 사실적으로 조각된 수많은 조각상을 보며 부처님의 존재를 피부로 느낄 수 있지 않았을까요?

역사는 사람들에게
과거를 알려줌으로써
미래를 판단할 수 있게 한다.

토머스 제퍼슨, 정치가

불상 부처의 형상을 표현한 상. 나무, 돌, 쇠, 흙 등으로 부처의 갖가지 표정과 행동을 담아 만든다.

불상도 모르는 불쌍한 중생을 위하여……
역사 속의 불상

이야기를 시작하기에 앞서 문제를 하나 내보겠습니다. 이번 주제는 불상이니까, 잠시 상상의 나래를 펼쳐 여러분이 불상을 만드는 장인이라고 한번 생각해보세요. 여러분은 서울 남산에 있는 '태건사'라는 절에서 나무를 깎아 불상을 만들게 되었습니다. 어떤 모양으로 할까 고민하다가 우뚝 서 있는 미륵보살을 만들기로 결심했죠. 그렇게 몇 년의 세월이 지나 마침내 불상을 완성했습니다. 이 불상의 이름은 무엇일까요?

물론 불상에 꼭 자신의 이름을 붙이고 싶다면 그렇게 해도 상관없습니다. 다만 예술작품이 아니라 부처를 숭배하기 위한 목적으로 제작한 불상이라면 만든 이의 이름을 붙이지는 않습니다. 가톨릭교에서 예수의 상을 만들 때 이름을 따로 짓지 않는 것과 마찬가지지요. 단지 바라보는 사람들이 서로 다른 상들을 구분하기 위해 원칙에 따라 정해진 이름을 붙여주는 거예요. 여러분이 상상으로 멋지게 완성한 불상의 이름은 잠시 후에 공개하도록 하고, 불상이란 무엇인지부터 알아보기로 하겠습니다.

불상은 말 그대로 부처의 모습을 본뜬 상입니다. 보통 사찰, 불상, 탑이 불교를 외형적으로 나타낸다고 볼 수 있는데, 언뜻 생각하기에 부처님의 모습을 나타내는 불상이 더 중요할 것 같고 더 먼저 만들어졌을 것 같지만 사실은 그렇지 않습니다.

석가모니가 불교를 창시하고 세상을 떠난 후 그의 몸에서 나온 사리를 모시기 위해 인도에서 처음으로 탑을 만들었습니다. 하지만 불상은 초기 불교에서는 나타나지 않았습니다. 인도 사람들에게 조각 기술이 없어서였을까요?

그렇지 않습니다. 초기 불교에서 불상이 만들어지지 않았던 것은 석가모니가 자기 개인을 숭배하지 말라고 말했기 때문이기도 하고, 감히 부처님의 모습을 사람의 형상으로 만들 생각을 하지 않았기 때문입니다. 그래서 석가모니 사후 약 500년 동안은 탑이나 금강보좌金剛寶座, 부처가 앉았던 자리, 수레바퀴, 보리수 등 부처님과 관련 있는 상징물을 예배의 대상으로 활용했습니다. 이 시기를 불상이 없는 시대라고 해서 '무불상시대無佛像時代'라고 부르죠.

그러다가 알렉산더대왕의 동방 원정으로 그리스 문화가 인도 지역에 전파되면서 동서양 미술이 융합된 헬레니즘 문화가 생겨나고, 인도의 간다라 지역에서는 간다라 미술이 발전하게 되는데, 이 무렵부터 불상이 등장하게 됩니다. 그리스에서는 제우스 등 신화 속에 등장하는 여러 신들을 인간의 모습으로 조각하는 것이 유행이었어요. 이러한 그리스 미술의 영향을 받아 인도에서도 부처님의 모습을 형상화하기 시작한 것이죠. 그러다 보니 간다라 미술의 불상들은 생김새가 그리스의 조각

간다라 미술 양식 불상
서구적인 얼굴과 체형을 하고 있다.

상과 아주 유사합니다.

고대의 불상

그럼 이번에는 우리나라 시대별 불상의 특징을 살펴볼게요. 한반도 최초의 불상은 삼국시대부터 등장하는데요, 삼국시대에 불교, 도교, 유교가 수용되었기 때문이죠. 당시의 불교는 왕실과 귀족 중심이었습니다. 삼국의 왕실은 왕이 곧 부처라는 왕즉불王卽佛 사상을 내세우며 불교를 신분제와 연결지었습니다. 이를테면 평민이 이승에서 덕을 쌓아 죽은 후 환생을 하면 귀족이 되고, 덕을 쌓은 귀족은 다음 생에 왕이 된다는 식이었죠. 따라서 지금의 왕은 전생에 무수한 덕행을 쌓은 사람이기에 마땅히 존경받아야 할 인물이니 왕에게 충성하라는 식이었어요. 이러한 사상은 왕권 강화에 명분을 부여해주었습니다. 또 호국 불교라고 하여 나라를 지켜주는 힘과 불교를 연결하는 사례가 많았습니다.

그런 환경의 영향 속에서 삼국시대의 불상은 비교적 일관된 스타일로 제작되었습니다. 삼국은 불교를 전해준 중국의 불상 제작 방식을 따르면서도 각자 나름의 개성을 살려 불상을 만들었습니다. 삼국의 대표적인 불상으로는 고구려의 금동연가7년명여래입상, 백제의 서산 용현리 마애여래삼존

상, 신라의 경주 배동 석조여래삼존입상 등이 있죠.

　삼국시대 불상의 특징은 바로 반가사유상이 많이 제작되었다는 점입니다. 반가사유상은 석가모니가 왕자로 지내던 시절 인간의 생로병사에 대해 고뇌하던 모습에서 비롯된 것인데, 삼국시대에는 미래에 중생을 구제하러 나타나는 미륵보살의 모습으로 많이 제작됩니다. 삼국시대의 반가사유상 중에 가장 유명한 불상이 국보 제83호 금동미륵보살반가사

백제의 서산 용현리 마애여래삼존상

신라의 경주 배동 석조여래삼존입상

영향을 줌

금동미륵보살반가사유상
우리나라 국보 제83호

고류지 목조미륵보살반가사유상

유상입니다. 그 형태의 아름다움이나 완성도가 뛰어나기 때
문인데요, 삼국시대의 이 금동미륵보살반가사유상이 일본

에 전해져 목조미륵보살반가사유상이 만들어졌다는 건 유명한 사실이죠.

나아가 이 목조미륵보살반가사유상이 한반도에서 제작된 거라는 주장도 있어요. 왜냐하면 목조미륵보살반가사유상은 적송목재로 쓰는 소나무 종류을 재료로 썼는데, 이 적송은 한반도에서 많이 나며 목조 제작에 흔히 사용되었기 때문이죠. 그 때문에 백제나 신라의 장인이 만든 불상이 일본에 전해진 게 아니냐는 설이 있기도 해요.

통일신라로 넘어오면 고구려, 백제, 신라의 양식과 더불어 중국 당나라와 서역과의 교류로 인해 수용된 여러 가지 요소들이 융합됩니다. 그리고 국력이 성장하고 불교도 발전하면서 높은 수준의 조형미술을 보여주는데, 가장 완성된 모습의 불상이 바로 석굴암 본존불이에요.

자유분방한 형식의 고려 불상

고려시대 전기에는 새롭게 대두된 지방 호족의 힘이 막강했어요이 책의 '태조 왕건' 편을 참조. 그러다 보니 각 지방에서 만들어지는 불상에도 지역의 특색을 반영한 독특한 스타일이 등장했습니다. 또한 지방 호족들의 후원을 받아 거대한 불상이 제작되기도 했죠.

다음 고려의 불상들을 보면 하남 하사창동 철조석가여래좌상의 경우는 과거의 불상 스타일을 무난히 따른 듯하지만, 관촉사 석조미륵보살입상은 좀 우스꽝스러울 정도로 머리가 커서 튄다는 느낌까지 주죠. 또한 이 두 불상은 매우 큽니다. 하사창동 철조석가여래좌상은 높이가 3미터 정도이고, 관촉사 석조미륵보살입상은 무려 18미터에 달하니 웬만한 건물 높이예요. 고려의 문화재는 다른 시기의 문화재에 비해 규모가 크다는 특징도 있습니다.

물론 이런 와중에 신라 양식을 계승한 걸작 불상들도 탄생합니다. 부석사 소조여래좌상 같은 불상은 석굴암 본존불의 양식을 그대로 따르면서 숙련된 기술과 예술적 감각을 토대로 한 작품이죠. 또 고려 후기에는 화려한 양식을 추구하는 라마불교^{티베트를 중심으로 발전한 불교의 한 파. 8세기 중엽 인도에서 전래한 밀교가 티베트의 민속과 풍토에 동화되어 발달했으며, 고려시대에 중국 원나라를 통해 전래되었다}의 영향을 받아 금동관음보살좌상 같은 불상이 나오기도 합니다. 전반적으로 고려의 불상은 이전에 비해 비율이나 복색 등 모든 면에서 자유분방한 양상을 드러낸다고 할 수 있겠습니다. 하지만 이후 조선시대에 들어서면 불교가 국가적인 탄압 속에서 크게 위축되어 높은 평가를 받을 만한 불상을 찾아보기 어렵죠.

하남 하사창동 철조석가여래좌상 관촉사 석조미륵보살입상

부석사 소조여래좌상 금동관음보살좌상

부처와 보살 구분하기

불상 이야기를 하며 정작 불상의 주인공들에 대한 설명을 빼놓으면 안 되겠죠. 불상의 주인공으로는 부처와 보살이 있어요. 부처는 수행을 하여 깨달음을 얻은 자예요. 보살은 깨달음을 얻기 위해 수행을 하면서 부처를 도와 중생의 교화를 돕는 이를 말하는데, 관음보살과 미륵보살, 문수보살, 보현보살 등이 있습니다. 부처 하면 흔히 불교의 창시자인 석가 _{불교를 창시한 인도의 성자로 성은 고타마瞿曇, 이름은 싯다르타悉達多이다. 부처, 석가모니, 석가세존, 석존, 세존, 능인적묵, 여래, 불타, 붓다, 불佛 등으로 다양하게 불림}를 떠올리는데요, 석가가 부처는 맞지만 석가만 부처인 것은 아닙니다. 불교에서는 깨달은 자라

31

부처상 국보 제24호 석굴암 본존불   보살상 국보 제293호 금동관음보살입상

면 누구든 부처라고 부르기 때문에 부처는 고유명사가 아
닌 일반명사라고 봐야 해요. 물론 부처를 대표하는 깨달
은 자가 고타마 싯다르타, 곧 석가모니인 것은 분명한 사실
이고요.

그런데 부처상과 보살상을 구분하기란 쉬운 일이 아닙니
다. 몇 가지 원칙이 있는데요. 머리에 보관을 쓰고 있으면 보
살상이고, 보관이 없으면 부처상이라 할 수 있어요. 또 목걸
이, 팔찌 등 각종 장식을 하고 있으면 보살상일 가능성이 큽
니다. 하지만 부처상과 보살상의 구분이 원칙대로 되지 않는

경우가 간혹 있기도 합니다.

보살에도 여러 종류가 있다고 말씀드렸는데요, 이중 관음보살은 아미타부처를 돕는 보살로, 자비의 마음으로 중생을 구해주는 보살입니다. 불교 신자들은 현실 세계의 고통에서 구제받고 싶을 때 관음보살에게 빕니다. '나무아미타불관세음보살'이라고 하면 아미타불과 관음보살님께 귀의한다는 뜻으로 이해할 수 있어요. 불교에 귀의할 테니 도와달라는 염원이 담겨 있는 말이라고 생각하시면 됩니다. 미륵보살은 석가가 입적_{高僧의 죽음을 뜻하는 불교 용어}하고 나서 56억 7000만 년 뒤에 나타나 석가가 구제하지 못한 중생을 구제하는 미래불입니다.

불상의 이름을 정하는 방법

이제 주인공까지 정리가 되었으니 이번 장의 서두에서 던진 문제의 답을 슬슬 찾아볼까요? 불상의 이름을 정하는 방법은 그렇게 복잡하지 않습니다. 지역이나 특징, 재료나 방식, 주인공, 자세나 형태 순으로 나열하면 된답니다. 간단하게 말하면 어디에서, 무엇으로, 누구를, 어떻게 만들었는지 순서대로 말하면 이름이 되는 것이죠. 공식으로 나타내면 아래와 같아요.

어디에서^{지역} 무엇으로^{재료} 누구를^{주인공} 어떻게^{자세} 표현했는가.

여기서 자세는 보통 서 있거나^{입상立像} 앉아 있거나^{좌상坐像} 누워 있으므로^{와상臥像} 이 세 가지 안에서 판단하면 충분합니다. 예를 들어 경북 영주에 있는 부석사에서 소조^{찰흙이나 밀랍처럼 점성이 있는 재료를 덧붙여가면서 입체적 형상을 빚는 미술 기법}라는 방식으로 여래^{부처}를 앉아 있는 자세로 만들었다면 영주 부석사 소조여래좌상이 그 불상의 이름이 되는 것이죠.

한 가지 알아둘 점은 모든 불상이 만들어진 위치가 정확히 밝혀지지는 않았다는 것입니다. 역사적 흐름 속에서 이리저리 옮겨진 불상은 원산지가 불분명하기에 지역으로 이름 붙이기가 어렵죠. 그 때문에 지명을 아예 붙이지 않거나 금동연가7년명여래입상처럼 다른 특징을 활용해 명명하기도 합니다. 이 이름에서 '연가7년'이란 불상의 제작 시기를 말하는데요, 불상 뒤에 적힌 제작 연대가 연가 7년이어서 그에 따라 이름을 지은 것입니다.

이 원칙에 따라 도입부에 드린 질문의 답을 같이 찾아볼까요? 우리는 이 불상이 만들어진 곳이 서울 남산의 태건사라고 정확히 알고 있으니 굳이 다른 특징으로 이름을 지을 필요는 없겠네요. 나무로 미륵보살을 만들었고, 서 있는 자세라고 말씀드렸습니다. 그렇다면 이 불상의 이름은 '서울 남산 태건사 목조미륵보살입상' 정도가 되겠지요?

　등산이나 여행을 가면 한두 번쯤은 마주치는 것이 절이고, 절에 들어서면 모셔둔 불상을 쉽게 볼 수 있습니다. 그냥 한 바퀴 둘러보고 가벼운 마음으로 돌아오는 것도 좋지만, 그 불상의 시대적 특성이나 이름의 연원, 주인공은 누구인지 살펴보며 주변 사람들과 지식을 나눌 수 있다면 관람의 재미가 배가되지 않을까 싶습니다. 문화유산이란 닦으면 닦을수록 빛을 발하는 청동거울처럼, 알면 알수록 그 가치가 환하게 드러나는 법입니다. 소중한 문화유산의 가치를 스스로 발견하고 온 마음으로 직접 체험했다고 생각하면 돌아오는 발걸음이 조금은 더 뿌듯하지 않을까요?

아빠~ 바로 이 장소야!!!
'사망유희'는 한국에서 촬영한다!

탑 뾰족하게 높이 세운 건축물을 뜻하며 우리나라에서는 삼국시대에 불교의 영향으로 많은 탑이 건립되었다. 탑에 따라 다양한 건축 목적과 용도가 있으나 주로 종교적인 이유로 지어졌다.

이소룡도 반해버린 한국의 탑

흔히 우리 역사를 '반만년의 유구한 역사'라고 표현합니다. 역사가 너무 길기 때문일까요? 수백 년이 된 문화재도 무덤덤하게 지나가는 경우가 적지 않은 것 같아요. 생각해보면 건축물이 되었든 물건이 되었든 인간이 만든 무언가가 몇 백 년 세월 동안 사라지지 않고 남아 있는 일 자체가 쉽지 않은데도 말이죠.

그런 의미에서 긴 시간 동안 우리 곁에 남아 있으면서 비교적 쉽게 찾아볼 수 있는 문화재가 바로 탑입니다. 오래된 절이나 박물관에 가면 멀게는 삼국시대부터 가깝게는 조선시대에 지어진 탑들을 만날 수 있죠.

탑이란 여러 층으로 또는 높고 뾰족하게 세운 건축물을 가리키는데, 이번 주제에서 우리가 살펴볼 탑은 불탑佛塔, 즉 부처님의 사리를 모시기 위한 건축물입니다. 참고로, 공덕이 높은 승려의 사리를 모신 탑은 부도 또는 승탑이라고 불러요.

민간에서 쌓은 돌탑 　　　　　　고려의 흥법국사 실상탑

　사실 처음 석가모니가 입적했을 때 석가모니의 제자들은 많이 당황했을 거예요. 석가모니의 사리를 어딘가에 보관은 해야 할 텐데 부처님의 몸 그 자체이니 아무 곳에나 둘 수는 없으니까요. 그래서 인도인들은 부처님의 몸을 모실 만한 크고 웅장한 건축물을 새로이 만듭니다. 그게 바로 최초의 불탑인 인도의 산치 대탑입니다. 그런데 우리가 알고 있는 탑과는 모습이 많이 다르지 않나요?

사실 우리나라에 있는 탑과 유사한 모습은 중국에서부터 찾아볼 수 있어요. 인도와 중앙아시아를 거쳐 중국에도 불교가 전래됩니다.

산치대탑

중국 사람들 역시 부처님의 사리를 모시기 위해 탑을 짓기로 했는데, 이들도 석가모니의 제자들과 마찬가지로 고민에 빠집니다. 귀중한 사리를 어디에 모셔야 할까?

부처님이 계실 만한 좋은 장소, 당시 중국에서 제일 좋은 장소는 어디였을까요? 왕궁 혹은 관청 건물, 또는 기존의 토착 종교가 사용하던 사원 등이겠죠. 이 장소들은 모두 목조 건물이라는 공통점이 있습니다. 즉 기존의 건물을 활용해서 부처님의 사리를 모시게 되었고, 이 때문에 불탑이 마치 목조 건축물처럼 지붕이나 기둥의 모양을 하고 있는 것입니다. 다만 목탑은 물과 불에 모두 약하기 때문에, 중국에서는 벽돌로 만든 전탑塼塔을 많이 만들었습니다.

한편 우리나라의 삼국은 중국을 통해 불교를 접하게 되었으니, 탑도 중국과 유사하게 목조 건물 형태의 목탑을 제작했습니다. 특히 고구려가 목탑을 주로 제작하였죠. 하지만 앞서 언급한 목탑의 취약점 때문에, 우리나라에서 쉽게 구할 수 있고 튼튼하기도 한 화강암을 사용해서 탑을 짓기 시작했고, 이것이 바로 우리나라에 석탑이 많은 이유이기도 합니다.

하지만 석탑을 만들면서도 형태는 기존의 목탑 형태를 그대로 따랐습니다. 그래서 석탑에 마치 목조 건축물처럼 옥개석屋蓋石, 지붕 모양의 석재과 우주 및 탱주隅柱,撑柱, 탑신부에 새긴 기둥 모양을 말한다. 우주는 테두리 쪽 기둥이며 탱주는 우주와 우주 사이의 기둥이다 등이 표현되는 것이죠.

한 가지 더, 일본은 어떤 탑을 많이 만들었을까요? 일본 역시 목탑을 많이 지었습니다. 하지만 일본에서는 임진왜란 같은 전 국토를 대상으로 한 대규모 침략 전쟁이 일어난 적이 없기 때문에 고대의 목탑이 그대로 보존되어 있습니다. 이 때문에 흔히 중국은 전탑의 나라, 한국은 석탑의 나라, 일본은 목탑의 나라라고 부르기도 합니다.

탑의 층수 세는 방법

탑 의 이름을 보면 삼층 석탑, 칠층 목탑 등 층 수를 붙이는 경 우가 많습니다. 탑에 계단이 있 는 것도 아닌데 이 층수는 어떤 기준으로 세는 걸까요? 일정한

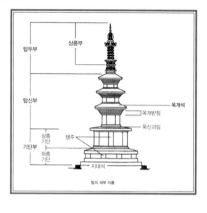

탑의 세부 이름

모양이 없어 때로는 층수를 헤아리기가 모호한 경우도 있지 만, 보통은 탑에서 지붕처럼 튀어나온 부분, 곧 옥개석 개수를 기준으로 층을 헤아립니다. 옥개석이 3개면 삼층탑, 7개면 칠 층탑이지요. 우리나라의 탑은 대부분 홀수 층의 탑입니다.

삼국의 탑

그럼 본격적으로 탑이 건설된 삼국시대부터 탑의 특징과 유명 탑들에 대해 알아보기로 하겠습니다. 고구려는 목탑을 많이 세운 까닭에 지금은 거의 남아 있지 않아요. 목탑은 내

구성이 취약해 소실되기가 쉽습니다. 신라시대의 황룡사 구층목탑도 몽골의 방화로 사라진 대표적인 목탑이죠. 백제의 미륵사지석탑이나 정림사지 오층석탑, 신라의 분황사 모전석탑 정도가 현존하는 삼국시대의 대표적인 탑들입니다.

이 중에 전북 익산에 있는 미륵사지 석탑을 살펴보겠습니다. 이 탑은 지금은 없어진 미륵사라는 절터에 있습니다. 미륵사지彌勒寺址에서 '지'라는 말은 현재 절은 없고 그 터만 남아 있다는 뜻이에요. 탑도 동탑과 서탑 두 개가 있었는데 지금은 서탑 일부만 남아 있습니다. 그런데 이 탑이 지어지는 과정에 얽힌 이야기가 재미있죠.

『삼국유사』에 실려 있는 내용입니다. 백제의 마지막 왕인 의자왕의 아버지 무왕은 세자 시절에 서동이라는 이름으로 불렸는데, 신라 진평왕의 딸인 선화공주를 짝사랑했다고 합니다. 그래서 자신과 선화공주가 서로 좋아한다는 소문을 내요. 말이 씨가 되어 결국엔 진짜 사귈 수 있기를 노렸다고나 할까요? 여하튼 서동은 이렇게 밤마다 선화공주가 서동의 방을 찾는다는 노래를 지어 동네 아이들에게 부르도록 시켰고, 이 노래가 지금까지 전해지는 「서동요」입니다.

선화공주님은

善化公主主隱

남몰래 사귀어두고

他 密只 嫁良 置古

맛둥 서방님을

薯童房乙

밤에 몰래 안고 간다네

夜矣 卯乙 抱遣 去如

『삼국유사』에 따르면 무왕의 작전은 성공해 선화공주는 신라 왕실에서 쫓겨났고, 백제로 넘어가 무왕의 왕비가 됩니다. 이후 선화공주와 무왕이 함께 용화산에 가는 길에 연못에서 나타난 미륵불을 보고 지은 절이 미륵사라는 것이죠.

그런데 2009년 1월 미륵사지 석탑을 보수 복원하는 과정에서 발견된 기록에 따르면 무왕의 왕비는 사택왕후라는 다른 인물이고 그녀가 미륵사를 창건했다고 해요. 그렇다면 『삼국유사』의 기록은 거짓일까요? 사실 당시 적대 관계에 있었던 백제와 신라 사이에 왕자와 공주가 사랑하고 혼인까지 하는 일이 벌어졌다고 보기는 어려운 측면이 있습니다. 아마

미륵사지 석탑 복원을 위한 해체 전 모습.

오늘날 남아 있는 미륵사지 석탑(서탑)

미륵사 복원 모형도 국내에서 가장 오래된 석탑이며 동양 최대 규모를 자랑하는 국보 제11호 익산 미륵사지 석탑은 2013년 6월부터 복원 공사에 들어갔다.

도 『삼국유사』의 저자 일연은 전해지는 민간설화를 토대로 이 부분을 집필하지 않았나 싶네요.

삼층탑은 통일신라

그다음 통일신라시대로 넘어가겠습니다. 통일 이후 삼국의 문화가 융합되고 불교도 크게 발전한데다 나라도 안정되면서 통일신라는 높은 문화적 수준을 갖추게 됩니다. 탑의 경우에는 균형과 비례를 중요시한 사각형 평면의 삼층탑이 유행하죠. 대표적인 탑

감은사지 삼층석탑

이 감은사지 동·서 삼층석탑, 불국사 삼층석탑석가탑입니다. 감은사지 삼층석탑은 아버지 문무왕으로부터 통일신라를 물려받은 신문왕이 그 은혜에 감사하는 의미로 지었다고 하죠.

아마 우리나라 탑 중에 가장 널리 알려진 것이 다보탑과 석가탑일 겁니다. 이 탑들이 지어진 사연은 『삼국유사』의 기록을 빌려 정리해볼게요. 때는 통일신라시대, 경주의 한 마을에 대성이라는 사내가 있었습니다. 대성이 태어났을 때, 집안이 너무도 가난하여 남의 집에서 머슴 일을 하였습니다. 어느 날 대성은 주인집에서 절에 시주하는 것을 보았고, 시주를 받은 승려는 시주를 하였으니 만복을 받고 편안히

오래오래 살 것이라고 축원해줍니다. 이를 본 대성은 집으로 달려와 어머니에게 시주를 권합니다. 그간 쌓은 선행이 없어 지금 고생하는 것이니 시주하여 다음 생의 평안함을 빌자는 것이었죠. 그리하여 대성의 부모는 몇 마지기 없던 밭을 절에 모두 시주하였으나, 복을 받기는커녕 얼마 후 대성이 덜컥 죽고 맙니다.

그런데 부처님이 대성을 기특하게 여겼는지 그는 이웃의 한 귀족 집안에서 다시 태어나게 되었고, 전생을 다 기억해

과거의 부모
가 누구인지
도 알고 있었
다고 합니다.
김대성은 경
덕왕 대에 신
라의 재상이
되었고, 벼슬

마주보고 있는 불국사 석가탑(좌)과 다보탑(우)

에서 물러난 뒤 자신의 재산을 시주해 현생의 부모를 위해
서는 불국사를, 전생의 부모를 위해서는 석불사^{지금의 석굴암}를
짓습니다. 이 이야기는 물론 진위를 알 수 없지만 당대의 시
대상을 잘 반영하고 있습니다. 불교 신앙을 실천하는 방법
으로 시주를 강조하면서, 동시에 부모에 대한 효도가 중요하
다는 점을 역설하고 있죠. 전생, 현생, 후생으로 대변되는
불교적 세계관이 대중에 통용되었음도 알 수 있고요.

다보탑과 석가탑은 이렇게 불국사가 건축되는 과정에서
함께 지어진 탑입니다. 석가탑은 1966년 해체 복원 작업중
에 그 내부에서 현존하는 세계에서 가장 오래된 목판 인쇄
물인 무구정광대다라니경이 발견되기도 했죠. 다보탑은 잘
아시다시피 10원짜리 동전에 새겨져 있는 탑입니다. 특이하

47

게도 층수를 셀 수 없는 복잡한 구조로 되어있고 원래 탑의
아랫부분에 사자상이 네 마리 있었다고 하는데요, 일제강점
기에 그중 세 마리가 사라졌고, 남은 한 마리 역시 안면부가
심하게 훼손되어 있으니, 참 안타까운 일입니다.

자유분방한
시대정신, 고려의 탑

이제 고려시대로 가
보겠습니다. 고려시대
의 탑은 기본적으로 통
일신라의 양식을 계승
하면서도 때로 독특한
스타일이 나타나기도
합니다.

특히 원 간섭기가 되
면 원나라 라마교의 영
향을 받은 특이한 모양
의 탑이 만들어지기도
하는데요, 그 대표적인
예가 경천사지 십층석

현재 용산 국립중앙박물관에 전시된 경천사지 십층석탑
답사중인 저자의 표정이 비장하다. 경기도 개풍군 광수리
부소산 경천사 터에 있던 것을 개항기 일본의 다나카 미쓰
아키가 불법으로 해체하여 일본으로 가져갔다가 일제강점
기가 끝나기 전에 돌려주어 경복궁에 버려져 있었다. 이를
1960년에 다시 세우고 1995년에 복원해, 2005년 용산에 국
립중앙박물관을 개관하면서 새롭게 전시했다. 신라 탑의 형
식을 따르면서도 고려 말 원나라 라마불교의 영향을 받
아, 웅장하고 장식이 화려하면서 전체적인 균형감이 뛰어나
고 우아하다.

탑입니다. 우리나라의 탑이 대부분 화강암으로 제작된 것과 달리 이 탑은 대리석으로 제작되었습니다. 그리고 각 층마다 불경의 내용이 세밀하게 조각되어 있어요.

이 탑은 일제강점기에 일본의 한 관료가 불법으로 자국으로 가져갔다가 1918년에 다시 한반도로 돌려놓았고, 지금은 국립중앙박물관 안에 있습니다. 경천사지 십층석탑은 후일 조선에 영향을 끼쳐 원각사지 십층석탑의 표본이 됩니다.

역사의 산증인이 된 조선의 탑

조선시대에는 이렇다 할 탑이 많이 세워지지는 않지만, 왕실과 세도가들의 후원을 받아 건설된 탑들이 있습니다. 원각사지 십층석탑이 그중 하나인데, 경천사지 십층석탑과 비교해보면 모양이 비슷합니다.

이 탑은 말년에 피부병에 걸리고 자신이 죽인 사람들에 대한 죄책감으로 악몽에 시달리던 세조가 불교에 귀의하면서 세운 탑입니다. 원각사지처럼 절 이름 뒤에 '지'자가 붙으면 절은 없고 터만 남았다는 뜻인데, 세조 때 지어진 원각사는 후일 연산군이 스님들을 내쫓고 기생들을 채워 술집으로 운영하기도 했던 곳입니다.

이곳이 오늘날 탑골공원 자리인데, 우리나라의 첫 근대적 민중집회라 할 수 있는 독립협회의 만민공동회가 열린 곳이기도 하고. 일제강점기에는 우리 민족이 독립의 뜻을 펼칠 때 자주 활용했던 상징적인 장소이기도 하죠. 민족 최대의 독립만세운동인 3·1운동이 시작된 장소가 바로 원각사지 십층석탑이 있는 탑골공원이었습니다. 연산군의 폭정, 근대화의 물결, 독립에 대한 민중의 외침 등 조선의 역사를 지켜본 산증인이 바로 이 탑인 셈이죠.

탑과 관련된 이색적인 일화 하나를 소개하고 이야기를 마치겠습니다. 현존하는 가장 오래된 목탑은 17세기에 지어진 충북 보은의 법주사 팔상전인데요, 이 탑은 언뜻 보면 규모가 커서 건물 같지만 내부가 뻥 뚫려 하나로 통하는 구조입니다. 국보 제

원각사지 십층석탑 서울특별시 종로구 탑골공원 소재. 1465년(세조 11) 현재의 탑골공원 자리에 원각사가 세워졌으며, 1467년(세조 13)에 십층석탑이 건조되었다. 1962년 국보 제2호로 지정되었으며, 높이는 약 12미터이다. 조선시대 석탑으로는 유례를 찾아볼 수 없는 우수한 조각 솜씨를 자랑하는 세련된 대리석 탑이다.

55호로 보호받고 있는 문화재인데, 전설적인 영화배우 이소룡이 이 탑에 영감을 받아 영화를 찍었다는 사실, 알고 계신가요?

이소룡도 반해버린 법주사 팔상전

1972년, 이소룡은 한국의 법주사 팔상전을 보고 엄청난 영감을 얻습니다. 탑의 각 층마다 지키고 서 있는 무술 고수들을 차례로 격파하면서 위로 올라가는 구성을 떠올리게 되지요.

그는 바로 영화 촬영을 결심했는데 그때 한국이 겨울이라 이소룡은 날씨가 풀리기를 기다리면서 할리우드 진출작이자 유작인 〈용쟁호투〉를 먼저 찍었습니다. 그 영화를 다 찍고 나면 한국으로 와서 현지 촬영을 할 생각이었고, 제작진과 실내 세트 촬영 분까지 미리 찍어놓은 상황이었습니다. 그런데 이소룡이 와서 법주사 팔상전을 배경으로 야외 신만 촬영하면 되는 상황에서 갑작스럽게 그가 세상을 떠나고 만 것이죠._{1973.7.20}

이소룡이 일찍 사망하지 않았더라면 법주사 팔상전을 배경으로 세계적인 명작 영화가 탄생했을 수도 있는데, 상당

〈사망유희〉의 한 장면 이소룡과 농구 스타 압둘 자바의
격투 장면.

영화 〈킬빌〉의 한 장면 〈사망유희〉의 이소룡에 대한 오
마주.

이소룡이 구상했던 〈사망유희〉 시나리오 배경을 위한
자필 스케치 매우 사실적으로 묘사되어 있으며, 층마다
지키고 있는 배우들의 이름을 써놓았는데 4층에 배치한
한국인 합기도 고수 지한재의 이름이 눈에 띈다.

법주사 팔상전과 금동미륵대불 실제 모습 국보 제55호.
현존하는 우리나라 유일의 목조 5층탑이다. 우리나라에
서 가장 오랜 전통을 지닌 대규모의 목탑 형식을 살필
수 있는 귀중한 건물이다.

히 아쉬운 부분입니다. 이 미완성 유작의 제목이 '사망유희'
입니다. 남아 있는 〈사망유희〉의 장면들 중 이소룡이 노란
색 트레이닝복을 입고 있는 사진은 아마 많이들 보셨을 거
예요.

지금까지 탑에 관한 여러 가지 이야기를 소개해드렸는데

요, 우리 곁에 남아 있는 소중한 탑이 많고 또 그 역사가 긴 만큼, 이 지면에서 다루지 못한 내용이 많아 아쉽습니다. 탑의 가치를 간단하게 정의하여 설명하기는 매우 어려울 것입니다. 오랜 세월 우리 곁에서 살아 숨쉬는 동안 매우 다채로운 의미들을 지니게 되었기 때문이겠죠. 탑을 징검다리 삼아 오랜 역사의 물결을 따라가보는 것도 흥미로운 일이 아닐까 생각합니다.

팔만대장경 국보 제32호. 몽골이 고려를 침입하자 부처의 힘으로 몽골군을 물리치기 위해 제작한 대장경. 16년간의 작업 끝에 간행되었으며, 8만여 개의 판에 8만 4000여 개의 경전 말씀을 담고 있어 '팔만대장경'이라 부른다.

읽는 데만 30년!
팔만대장경

문화의 우위를 따지는 것만큼 무의미한 일은 없습니다. 이 말은 즉 어떤 문화든 그 나름의 가치를 인정하고 소중히 여겨야 한다는 뜻이죠. 우리 문화라고 해서 무조건 찬양하고 치켜세울 필요도 없고, 반대로 우리에게 이집트의 피라미드 같은 거대 축조물이 없다고 위축될 이유도 없습니다.

문화유산은 눈에 보이는 규모로만 가치를 매길 수 있는 것은 아닙니다. 때로는 많은 사람들의 끝없는 노력으로 오랜 기간 축적되어온 지적 유산들이 현대를 살아가는 우리에게 더 큰 가치를 전해주며 과거를 알리는 등불 역할을 하죠. 그런 의미에서 저는 세계 어디에 내세워도 부족함이 없는 우리의 위대한 지적 문화유산 두 가지를 꼽아보고 싶은데요, 하나는 조선왕조의 모든 역사가 촘촘하게 기록된『조선왕조실록』이고, 다른 하나는 바로 지금 소개해드릴 고려의 팔만대장경입니다.

팔만대장경을 이야기하기 전에 먼저 인쇄술의 역사를 살펴보려 합니다. 우리는 예로부터 학문을 가까이한 민족이에요. 그래서 책 읽고 공부하기를 좋아했고, 자연히 인쇄술이 함께 발달했습니다. 현존하는 세계에서 가장 오래된 목판 인쇄물인 무구정광대다라니경을 보유한 나라이자, 현존하는 세계에서 가장 오래된 금속활자본인『직지심체요절』을 만들어낸 나라도 우리나라입니다.

인류의 발전과 인쇄술은 뗄 수 없는 관계를 맺고 있습니다. 인쇄술이 없을 때 책은 오로지 필사筆寫, 베껴 씀로 만들 수밖에 없었습니다. 호롱불 하나 켜놓고 몇 달, 길게는 몇 년에 걸쳐 중간에 틀리면 다시 써가면서 글을 적어야 책 한 권이 나왔죠. 당연히 책을 많이 만들 수 없고, 책이 몇 권 없으니 많은 사람이 읽을 수도 없었습니다. 그러다 보니 지배계급은 한정된 지식을 권력 유지의 수단으로 활용했습니다. 라틴어로 된『성경』을 가진 성직자들이, 한자로 된『논어』와『맹자』를 읽을 줄 아는 양반들이 높은 지위를 누리고 민중을 계몽했죠.

자, 그러면 우선 인쇄술의 역사에서 가장 먼저 등장한 목판인쇄에 대해 알아볼까요? 목판에 글자를 반대로 적거나 붙이고, 그 글자 모양대로 목판을 파낸 후 종이에 찍어내는 게 목판인쇄입니다. 하지만 목판을 파내다가 중간에 한 자만 틀려도 처음부터 다시 시작해야 하는 번거로움 때문에 판을 많이 제작하기는 힘들었어요.

석가탑 속에 숨어 있던 뜻밖의 보물, 무구정광대다라니경

현존하는 목판인쇄물 중 가장 오래된 것이 불국사 석가탑에서 나온 무구정광대다라니경입니다. 이 소중한 문화유산은 하마터면 아직까지도 우리가 그 존재를 몰랐을 수도 있었어요. 발견 과정이 참 극적이기 때문입니다. 석가탑 안에 있는 사리함을 훔치기 위해 나타난 도굴꾼들이 탑을 마구 흔들어놓는 바람에 탑이 많이 훼손되었고, 이를 복원하기 위해 1966년 10월에 석가탑 해체 보수공사 작업이 시작됩니다. 그런데 탑을 해체하자 2층 탑신부에서 사리 장치와 함께 무구정광대다라니경이 발견된 것입니다. 그렇게 현존하는 세계에서 가장 오래된 목판인쇄물은 세상 빛을 보게 되었죠.

현존하는 세계 최고最古의 목판인쇄물인 무구정광대다라니경은 그 상징성과 가치로 보았을 때 당연히 유네스코 세계기록유산에 등재돼야 마땅하지만 아직 등재되지 못하고 있습니다. 이는 제작 주체에 대한 논란이 있기 때문인데요, 중국에선 본인들이 무구정광대다라니경을 만들어 보냈다고 주장하고 있죠. 무구정광대다라니경에 '무주제자武周制字'라는 글자가 적혀 있는데, 중국은 이 문자가 당나라 측천무후 때 만들어져 당시에만 한정적으로 사용되었기 때문에 무구정광대다라니경이 본인들의 것이라 주장하고 있습니다.

무구정광대다라니경

그러나 이 글자는 다라니경보다 50여 년 전에 만들어진 것으로, 신라에 전파되어 통용됐을 가능성이 큽니다. 또 중국은 다라니경이 중국산 닥종이로 인쇄되었기 때문에 결국 중국의 것이라는 주장도 하는데, 연구 결과 이 종이는 8세기 때 쓰이던 신라 닥종이와 같은 것으로 판명이 났습니다.

그러나 이런 사실은 국제적으로 인정되고 있지 않은 상황입니다. 중국이 국가 차원에서 전담팀을 만들어 무구정광대다라니경은 중국의 것이며, 이것을 신라가 수입했다고 주장하고 있기 때문입니다.

또한 일본은 무구정광대다라니경의 제작 장소와 시기가 명확하지 않기 때문에 770년경에 만든 일본의 백만탑다라니경이 가장 오래된 것이라고 각각 주장하고 있죠. 이런 안타까운 상황을 보면 우리 문화유산의 존재와 가치를 널리 알리는 일이 얼마나 중요한지 새삼 깨닫게 됩니다.

세계 최고의 금속활자 인쇄물, 『직지심체요절』

이후 등장하는 활판인쇄^{금속활자}는 판 위에 밀랍^{벌집에서 추출.} ^{화장품, 절연제, 양초 등의 원료로 사용}을 녹여 금속활자를 고정한 후 종이에 찍어내는 방식을 말합니다. 글자를 다양하게 조합할 수 있어 여러 종류의 판을 만들기가 목판에 비해 어렵지 않았어요. 단점은 종이에 글자를 찍는 과정에서 글자가 우그러지는 현상이 일어난다는 것이죠. 세종대왕 때는 이를 개선해 틀에 글자를 끼워넣는 식자판 조립이라는 방식을 개발함으로써 인쇄 효율을 두 배로 높였습니다.

1234년에 찍어낸 『상정고금예문』이 세계 최초의 금속활자 인쇄물로 알려져 있지만 지금은 전해지지 않고요, 남아 있는 금속활자 인쇄 중 가장 오래된 것이 1377년에 제작된 『직지심체요절』입니다. 안타깝게도 개화기 1876년 강화도조약 이후부터, 우리나라가 서양 문물을 받아들여 종래의 봉건적인 질서를 타파하고 근대 사회로 이행하던 시기에 조선에 왔던 프랑스 외교관 콜랭 드 플랑시가 프랑스로 가져간 후, 현재는 프랑스 국립도서관에 보관되어 있습니다.

이로써 우리의 금속활자 기술이 독일의 구텐베르크가 만든 『42행 성서』보다 80년 정도 앞섰다는 것을 확인할 수 있습니다. 다만 구텐베르크의 활판인쇄가 보다 근대적이고, 이후 세계적인 파급효과를 가져왔다는 점에서 세계 최초라고 통상적으로 일컬어지고 있을 뿐입니다. 서구의 발명품으로 알려져 있는 것들 중에는 사실 나침반, 화약 등 동양의 발명품인 것이 많습니다. 어디에서 얼마나 잘 활용되었느냐에 따라 후대에 그것의 기원으로 남는 셈이죠.

위대한 유산, 팔만대장경

팔만대장경 이야기로 돌아와보겠습니다. 팔만대장경은 세계적으로 유례없이 잘 만들어진 목판인쇄물입니다. 제작 과정을 들으면 입이 떡 벌어질 정도죠. 그 과정은 이렇습니다. 우선 양질의 나무를 골라 벌채합니다. 벌채한 나무는 건조할 때 상하는 것을 막고 나무의 진을 빼기 위해 바로 운반하지 않고 그 자리에서 1~2년 동안 묵힌 후 판자로 만들었습니다. 그렇게 만든 판재를 소금물에 담갔다 말리기를 반복하여 판이 휘거나 뒤틀리는 것을 막았습니다. 이렇게 해서 판을 만드는 데만 몇 년이 소요됩니다.

판의 크기는 가로 70센티, 세로 24센티 내외이고, 두께는 2.6센티~4센티, 무게는 3킬로~4킬로 정도입니다. 이 정도 판을 8만 개나 만들었으니 나무도 적지 않게 베어냈겠죠? 무려 40만 그루 이상의 나무가 사용되었습니다.

이제 목판에 글자를 새겨야 하는데, 이 과정은 더 대단합니다. 우선 목판에 글씨를 써야 하는데 한 사람이 이걸 다 할 수는 없었겠죠. 그런데 목판에 새겨진 글씨를 보면 모두 필체가 똑같습니다. 글씨체를 하나로 통일한 거죠. 지금으로 치면 "궁서체로 써!", "돋움체로 써!" 하는 것처럼 말이죠.

글씨를 쓰고 나면 고려 최고의 장인들이 모여 획을 새겼는데, 글자를 하나 새길 때마다 절을 했다고 해요. 덕분에 팔만대장경의 글자 수가 무려 5200만 자가량인데 오탈자가 거의 없습니다. 한 글자 새길 때마다 절을 해가며 정성을 들였으니 틀릴 수가 없는 거죠. 간혹 나오는 오자도 정말 자세히 보지 않으면 알 수 없을 정도로 정밀하게 덧대었습니다. 이런 인고의 과정을 거쳐 완성했으니 실로 엄청난 작업이 아닐 수 없습니다.

여기에 동원된 인원이 왕족부터 평민에 이르기까지 무려 50만 명이에요. 당시 고려 전체 인구의 20퍼센트에 해당하는 어마어마한 수인데요, 이렇게 온 나라의 백성이 10년 넘게 온갖 정성을 다한 결과물이 바로 팔만대장경입니다. 보통 사람이 이것을 모두 읽으려면 하루 여덟 시간씩 읽어도 무려 30년이 걸립니다.

그럼 팔만대장경이 왜 만들어졌는지 구체적으로 알아볼까요? 팔만대장경의 본래 이름은 재조대장경再雕大藏經입니다. 다시 만든 대장경이라는 뜻이에요. 대장경은 원래 경장經藏, 율장律藏, 논장論藏의 삼장으로 되어 있어요. 여기서 경장이란 부처가 제자와 중생을 상대로 설파한 내용, 율장은 제자들이 지켜야 할 조항과 그 밖의 공동생활에 필요한 규범입니다. 마지막으로 논장은 앞의 경과 율에 관해 해설을 달아놓

통일성을 지닌 팔만대장경의 글자들

은 것이죠.

그 양이 실로 방대할 뿐 아니라 불교의 역사가 흘러오는 동안 계파에 따라 여러 가지 버전이 생겼어요. 그러다 보니 쉽게 제작을 시도할 수 없었죠. 팔만대장경은 대승불교와 소승불교, 또 이 두 가지에 해당하지 않는 여러 잡다한 경전들의 내용을 모두 모아 집대성한 거대한 불경 모음집입니다.

고려시대에는 국가 차원에서 대장경을 완성하면 석가의 힘이 외세의 침입을 막아줄 거라는 믿음이 있었어요. 특히 몽골 침입기에 불심으로 나라를 지키려는 움직임이 많았습니다. 불교계에서도 불탑에 방화를 저지르는 등 문화 파괴적인 행동을 서슴지 않는 몽골에 다양한 방식으로 저항하는 중이었습니다. 실제로 몽골 장수 살리타를 사살한 김윤후 같은 승려들이 무력으로 몽골에 대항하기도 했고요.

팔만대장경 제작 이전, 고려는 11세기 초에 거란족의 침입을 막고자 초조대장경初雕大藏經을 제작했습니다. 제작 이후 거란과의 전쟁이 종료되자, 고려 사람들은 대장경의 힘을 믿게 되었죠. 그러나 초조대장경은 완성되기까지 무려 76년이나 걸렸는데 몽골의 침입으로 그만 불타버렸어요. 이에 1232년 대장도감이라는 기관을 설치해 새롭게 만든 것이 지금 전해지는 팔만대장경입니다. 흩어진 민심을 한데 모으고 부처의 힘으로 몽골의 침입을 물리치고자 한 것이죠. 팔만대장경은 초조대장경의 구성과 내용을 그대로 따랐기에 시간이 단축되었다고는 하나, 전쟁중에 10년 넘게 정성을 모아 만들었다는 것 자체가 대단한 일이 아닐 수 없습니다.

대장경을 강화도에서 만들었다?
과거에는 팔만대장경이 인천 강화도에서 제작되어 조선 초에 경남 합천의 해인사로 옮겨졌다고 알려져왔습니다. 그런데 알고 보니 팔만대장경의 제작 장소가 지금까지 알려진 것처럼 강화도가 아니라 경남 남해라는 사실이 밝혀졌죠. 대장경 간행 기록을 조사한 결과, 대장경을 제작한 장소로 기록된 대장도감과 분사대장도감이 모두 동일한 장소인 남해로 드러난 거예요. 그럼 왜 남해에서 대장경이 만들어진 것일까요? 당시 육지는 몽골의 기마병이 휩쓸던 때라 섬에서 대장경을 판각해야 했고, 남해도는 지리산 나무를 물길을 따라 보내기 좋은 입지 조건을 갖췄기 때문이라고 추측하고 있습니다. 이런 주장에 따라 강화도는 대장경 제작이 끝난 뒤 조선 초 해인사로 다시 옮길 때 잠시 거쳤던 경유지로 보고 있죠. 그러나 강화·남해 공동제작설도 있는 등 아직까지 논란이 계속되고 있습니다.

여하튼 최종적으로 해인사로 옮겨진 대장경은 목판을 보존하기에 최적의 습도와 온도를 갖춘 장경판전 팔만대장경이 보관되어 있는 건축물. 1488년 완공되어 해인사에 남아 있는 건물 중 가장 오래되었다. 세계에서 유일하게 대장경 보관용으로 지어졌다이라는 곳에 보관되었고, 지금까지도 잘 보존되고 있습니다. 장경판전을 보면 아래위로 통풍이 잘되도록 뚫어놓은 창살이 빛의 각도와 바람 등을 조절해주고, 내부는 대장경이 보관된 서가를 지면에서 떨어뜨려 습도를 조절하고 해충의 피해를 막고 있어요. 덕분에 팔만대장경은 지금까지도 원형이 잘 보존되어 높은 가치를 인정받고 있죠. 그 내용 또한 다른 어느 대장경과 비교해봐도 최고 수준이라는 게 학자들의 공통된 의견입니다. 이후 해인사

장경판전은 팔만대장경과 함께 유네스코 세계문화유산에 등
재되었습니다.

팔 만 대 장 경
목판을 쭉 쌓으
면 무려 3250미
터가 되어 백두
산보다 500미터
이상 높습니다.
무게는 285톤에
달하고요. 단지
우리 눈앞에 쌓

해인사 장경판전에 보관된 대장경

여 있지 않을 뿐, 세계의 어떤 문화유산보다도 높고 큰 지식
의 유산을 우리는 갖고 있는 셈이죠. 불교의 백과사전이나
다름없는 대장경을 만들려면 방대한 지식과 그것을 수집,
분석, 배열할 수 있는 능력이 있어야 합니다. 또한 실제
목판을 제작해 장기적으로 보관할 수 있는 과학기술이 필
요합니다. 그리고 그것을 완성해낼 모두의 정성과 노력이 필
요하죠.

지식과 노력과 기술, 이 모든 것이 축적된 결과물이 바로

우리의 팔만대장경입니다. 이렇게 훌륭한 문화유산이 오랜 세월이 지난 지금 옛 모습 그대로 우리 곁에 살아 숨쉬는 것은 크나큰 축복입니다. 여러분, 그 숨결을 함께 느껴보시죠.

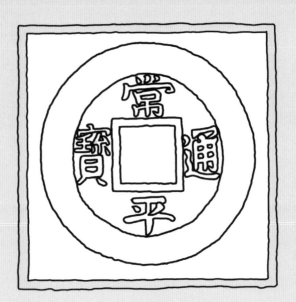

화폐 상품의 교환, 유통을 원활하게 하기 위한 일반적인 통용 수단.

독자 여러분, 돈 많이 버세요! 한국의 화폐

화폐, 우리는 흔히 '돈'이라고 하는데요, 돈은 말 그대로 돌고 돈다는 뜻이 있습니다. 과거에는 우리 돈의 단위를 '환圜'이라고 했는데, 이 말 역시 순환의 의미가 있죠. 그리고 지금 쓰는 단위인 '원'도 둥글다는 뜻에서 어원을 찾을 수 있습니다. 이렇게 보니 결국 돈이란 영원히 한곳에 존재하는 것이 아니라, 세상을 돌고 돌며 누군가의 주머니에 잠시 머무르는 것이 아닐까 싶어요. 그렇기에 없어서는 안 되고 누구나 좋아하지만 집착하면 그만큼 부질없는 게 또 돈일 테고요. 이는 어떤 운명을 맞이할지 예측하지 못한 채 돌고 도는 우리의 인생사와 닮아 있기도 합니다. 단순히 경제적인 의미를 넘어 통용되었던 한 시대와 사회를 설명해주는 핵심

키워드 화폐. 그럼 이제 시대별로 쓰였던 화폐를 들여다보며 그 속에 담긴 역사와 문화를 살펴보도록 하겠습니다.

화폐의 등장

과거 사람들은 필요한 물품을 자급자족했습니다. 농사를 짓거나 수렵을 통해 필요한 음식을 구했고, 옷과 그릇 등은 직접 만들어 사용했죠. 스스로 만들 수 없거나 자신이 사는 지역에서 구할 수 없는 물품은 다른 지역 사람과의 물물교환을 통해 구했습니다. 우리 지역의 특산품인 모피와 옆 나라의 특산품인 귀한 약재를 교환하는 방식으로요. 하지만 일일이 물건을 싣고 가서 물물교환을 하기에 불편함이 있다 보니, 교환의 매개체로 화폐가 등장하게 됩니다.

선사시대에는 조개껍데기 같은 것이 화폐의 역할을 하다가, 시간이 지나면서 금, 은 등의 금속으로 화폐를 주조하기 시작합니다. 금속 그 자체가 지니는 가치가 있었기 때문에 물물교환의 매개체 역할을 할 수 있었죠. 그러다 시간이 더 흐르면서 현재의 지폐와 같은 신용 화폐가 등장하게 됩니다. 1만 원 지폐를 이루는 종이 자체는 가치가 없지만, 그 종이에 '금 몇 그램어치'라는 보이지 않는 가치를 매기는 것이죠.

한국 화폐 발전의 역사

우리나라에도 아주 오래전부터 화폐가 존재했습니다. 아주 먼 옛날 선사시대, 신석기시대에는 조개껍데기 등이 돈의 역할을 했고, 철기시대로 넘어오면서 중국과의 교류 과정에서 명도전이라는 중국 화폐가 들어옵니다. 이 화폐는 마치 칼처럼 생겼고 겉면에 명明자와 비슷한 모양이 있어서 명도전이라고 불립니다.

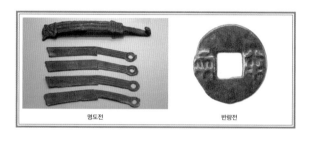

명도전   반량전

중국 진나라로부터는 반량전이라는 화폐가 들어오는데요. 이는 중국 최초의 화폐로 공인받은 돈이기도 합니다. 진시황이 직접 도안해서 주조했다는 반량전은 겉은 둥글고 가운데에 사각형 구멍이 나 있어요. 이는 물론 제조와 유통상의 기능적 측면을 고려한 도안이기도 하지만 깊은 의미와 사상이 담겨 있습니다. 둥근 원이 하늘을, 사각형이 땅을 상징하는 모양이거든요. 동전 하나에서 하늘과 땅을 동시에 볼 수 있다는 우주 만물의 이치를 담은 것이죠. 흔히 엽전 하면 이런 형태를 떠올리듯이 반량전은 동아시아 화폐의 최초 모델이자 근대 이전까지 동양 화폐의 기본형이 되었습니다.

가야의 전신인 변한에서는 덩이쇠라는 철덩어리가 돈으로 쓰인 적도 있으나 사용 범위가 넓지는 않았던 것으로 추정됩니다. 이후 고려시대에는 왕권 강화와 상업 진흥을 목적으로 적극적인 화폐 정책을 채택하여 다양한 화폐가 제작되었고, 지금까지 그 형태가 남아 발굴된 것들이 많습니다. 고려 성종 때 제작된 건원중보나 고려 숙종 때 제작된 삼한통보, 삼한중보, 해동통보, 해동중보 같은 것들이 있죠.

한편 고려에서는 활구(은병)라는 이름의 화폐도 주조되었는데, 은으로 만들어진 입구가 넓은 병 모양의 은화입니다. 당시 우리나라^{고려}의 지도 모양으로 제작되었다는 점이 매우 특이하죠. 활구는 상당히 고가의 화폐였습니다. 활구는 은 1근으로 제작되었는데, 화폐 가치는 일정하지는 않았지만 당시 쌀 15석~16석, 포 10여 필에 이르는 높은 가격이었습니다. 대단한 고액권이죠. 그렇기에 이 화폐는 일반적으로 통

| 건원중보 | 삼한통보 | 해동통보 | 활구(은병) |

용되었다기보다는 국가 간의 거래나 귀족 등 상류층의 대규
모 거래에만 종종 사용되었습니다. 이렇듯 고려시대에는 다
양한 화폐가 있었지만 유통은 잘 되지 않았어요. 일반 백성
들은 여전히 곡식이나 옷감 등 현물화폐를 사용했죠.

고려 숙종이 화폐를 만들어야겠다고 결심한 건 의천대사
의 제안 때문이었는데요. 송나라에서 유학하며 중국 사회의
풍요로움과 발전상을 눈으로 직접 본 의천은 고려를 부강한
나라로 발전시키기 위해 금속화폐를 사용해야 한다고 강력
히 건의합니다. 왕이 이를 받아들여 '주전도감'이라는 기관
을 세워 화폐 주조 및 유통에 적극적으로 나섰지만, 이런 노
력에도 고려의 화폐는 중국처럼 활성화되지 못했죠.

그 이유는 중국과 고려의 상황이 달랐기 때문입니다. 당
시 고려는 자급자족을 위주로 한 사회여서 고려 사람들은

쌀이나 옷감 같은 현물화폐를 주로 사용하려 했습니다. 결국 고려시대의 화폐는 국가에서 운영하는 주점이나 다점 정도에서만 제한적으로 쓰이는 정도였죠.

고려의 마지막 임금 공양왕 때부터 저화楮貨라는 종이돈이 등장합니다. 국가 재정 부족으로 화폐가치가 불안정해지고, 그나마 쓰고 있던 철전과 은전도 원료 부족으로 점차 유통이 줄자 중국의 것을 모방해 종이로 지폐를 만들려고 했죠. 하지만 고려가 망하고 조선이 건국되기 직전인 혼란한 정치 상황 속에서, 모든 준비를 마쳤음에도 저화는 끝내 발행되지 못했습니다. 이미 인쇄된 저화는 종이를 만드는 데 사용되었고, 저화를 찍어내기 위한 판들은 모두 소각되었어요. 조선 건국 이후 다시 저화를 유통하기 시작했지만, 잘 사용되지는 못했습니다. 대신 현물화폐인 포화옷감의 규격을 정해 화폐처럼 이용하는 것가 조선 후기까지 널리 사용되었죠.

화폐가 전국적으로 활발하게 유통되기 시작한 시점은 조선 후기입니다. 조선 후기에는 이앙법모내기법이 전국적으로 확대되면서 농사에 필요한 일손이 덜어집니다. 이에 따라 한 농민이 경작할 수 있는 토지의 양이 늘어나 일부 농민은 넓은 토지를 경작해서 부를 축적했는데, 이를 광작이라고 합니다.

74

부농층이 생겨난데다 인구가 증가하고 도시로 유입되는 인구도 늘어나면서 자연스레 각종 물품에 대한 수요가 증가합니다. 더불어 대동법의 시행으로 조세의 금납화조세를 곡식이 아닌 돈으로 내는 것가 이루어지면서 상품 화폐 경제의 발달을 자극했죠. 드디어 조선에서도 곡식이나 옷감 같은 현물화폐가 아닌 동전을 사용할 수 있는 시장의 환경이 마련된 것입니다.

이 때문에 조선 후기 숙종 대에는 조선의 법화인 상평통보가 전국적으로 널리 유통되었어요. 하지만 이렇게 교환의 편의를 가져다주던 상평통보는 때로 부작용을 낳기도 했습니다. 우선 동전 사용이 널리 확대되어 동전에 대한 수요가 늘어난 것에 비해 동전 주조량이 턱없이 부족했습니다. 게다가 일부에서는 재산 축적을 위해 동전을 모아놓고 사용하지 않거나 사재기를 하면서 시중에 동전이 크게 부족해집니다. 이러한 현상을 '전황'이라고 불러요.

흔히 우리가 빈털터리일 때 "땡전 한 푼 없다"고 하는데요, 여기서 '푼'은 엽전 한 닢을 뜻합니다. '땡전'은 당백전이라는 돈에서 유래한 말이고요. 19세기로 넘어오면서 흥선대원군이 당백전이라는 돈을 발행하는데, 불타버린 경복궁을

상평통보   당백전

중건하는 비용을 충당하기 위해서였어요. 당백전의 앞면에는 상평통보라고 적혀 있고, 뒷면에는 호대당백이라 적혀 있습니다. 즉 당백전은 상평통보의 100배 가치를 지니는 돈이었어요. 하지만 실제로는 다섯 배 정도의 가치로 유통되었어요. 갑자기 고액 화폐가 늘어났으니 물가가 오르고 화폐가치는 하락하는 인플레이션이 일어나는 건 당연한 수순이었겠지요. 당백전으로 인해 야기된 국가 경제의 후퇴와 혼란은 조선의 국력 쇠퇴에 상당한 영향을 끼칩니다.

근현대의 화폐

우리나라 화폐는 근현대로 접어들면서 급격한 변화를 거듭합니다. 1904년 제1차 한일협약 체결로 고문정치가 시작되면서 우리나라에 일본인 재정고문으로 메가타라는 사람이 파견됩니다. 그가 1905년에 한반도에서 화폐 정리 사업을

시행하면서, 기존에 유통되던 조선 돈을 일본 화폐인 제일
은행권으로 모두 바꿔버려요. 우리 금융계를 장악할 목적으
로 무단으로 일본 지폐를 발행해 강제로 유통해버린 거죠.

그러나 국권 피탈
이후 1911년에는 조
선은행법이 제정되
면서 한반도의 돈이
조선은행권으로 다
시 변합니다. 이때

제일은행권

조선은행권의 단위는 지금과 같은 '원圓'이었습니다. 그렇게
광복 이후 미군의 통치를 받는 1940년대 후반까지 조선은행권
이 쓰이다가 이승만 대통령이 '원'의 단위를 '환'으로 바꿉니다.
그러나 박정희 대통령이 1962년에 화폐개혁을 통해 '환'을 다시
'원'으로 바꾸죠. 오늘날 우리가 쓰고 있는 돈의 원형이 바로
이때 생긴 것이고요.

지금까지 우리나라 화폐 발전의 역사를 짚어봤습니다. 하
지만 발전 과정이 화폐를 이해하는 유일한 길은 아니겠죠?
앞서 말씀드린 대로 화폐는 단순히 물물교환의 수단이 아니
라 한 사회의 특징과 문화를 반영하는 상징물이기도 합니

다. 따라서 화폐에 새겨진 의미를 꼼꼼히 따져보면 그 화폐가 통용되는 사회의 모습 또한 엿볼 수 있답니다. 그럼 마지막으로 현대 화폐를 통해 우리의 역사와 문화를 들여다보도록 하겠습니다.

현대 화폐 속의 문화유산

인물 그림이 등장하는 화폐에 앞서 500원짜리 동전부터 살펴볼까요? 500원 동전에는 인물이 아닌 학이 새겨져 있는데요, 학은 우리나라의 천연기념물이며 장수를 상징합니다.

500원 동전

500원 동전과 관련한 재미있는 사실 하나를 소개해드리면, 유독 1998년에 제조된 500원이 동전 수집가들 사이에서 30~40만 원이 넘는 고가에 거래가 된다고 해요. 왜냐하면 1997년 IMF 경제 위기를 맞았을 당시 펼쳐진 국민적인 동전 모으기 운동으로 인해 1998년엔 동전을 새로 만들 필요가 없었거든요. 그래서 1998년 500원 주화는 귀빈이나 해외 증정용으로 딱 8000개만 주조되었고, 그 때문에 오늘날 엄청난 희소성을 띠게 되었답니다. 만약 지금 주머니에 500원짜리 동전이 들어 있다면 발행 연도를 한번 유심히 들여다보실 필요가 있겠어요.

그다음은 1000원을 보겠습니다. 1000원권 지폐에서는 퇴계 이황 선생을 만날 수 있습니다. 선조 임금의 스승이자 우리나라를 대표하는 성리학자이면서 국가 요직을 두루 거친 탁월한 인물이었죠. 이황 선생 옆에 그려진 건물은 조선시대 성균관의 명륜당입니다. 많은 분이 이 건물을 이황 선생이 기거했던 도산서원으로 오해하는데요, 도산서원은

1000원 지폐 앞뒷면

겸재 정선 〈계상정거도〉

1000원 지폐 뒷면에 있어요. 뒷면을 돌려보면 도산서원 주변의 모습을 그린 〈계상정거도〉라는 그림이 나옵니다. 조선 후기 최고의 산수화가 겸재 정선이 그린 그림이죠. 자세히 들여다보면 배산임수의 아름다운 풍경 속에서 누군가 정자에 앉아 책을 읽고 있어요. 이황 선생의 모습이 아닐까 추측해볼 수 있습니다.

5000원으로 넘어가볼게요. 5000원 속 인물은 16세기의 성리학자 율곡 이이 선생입니다. 이이 선생 초상 뒤로 보이는 앞면의 그림은 선생이 태어난 오죽헌이고, 뒤로 돌려보니 꽃과 과일을 그린

5000원 지폐 앞뒷면

그림이 나오는군요. 어떤 연관으로 이이 선생 뒤에 그려진 것일까요? 네, 맞습니다. 뒷면의 그림은 바로 이이 선생의 어머니 신사임당이 그린 〈초충도〉, 그중에서 수박과 맨드라미 그림입니다. 훌륭한 학자인 아들의 얼굴과 뛰어난 예술가였던 어머니의 그림이 앞뒤로 배치된 화폐가 5000원권이지요.

〈일월오봉도〉

1만 원 지폐 앞뒷면

5만 원 지폐 앞뒷면

〈월매도〉(좌)와 〈풍죽도〉(우)

1만 원의 주인공은 다들 아실 겁니다. 바로 한글을 창제한 성군 세종대왕이죠. 앞면에는 세종대왕의 얼굴과 〈일월오봉도〉가 그려져 있습니다. 사극이나 영화를 보면 조선시대 왕이 앉는 자리 뒤편으로는 항상 〈일월오봉도〉가 자리함을 알 수 있습니다. 그 위로는 글씨가 쓰여 있는데요. 조선왕조의 창업을 노래한 최초의 한글 시 『용비어천가』입니다. 훈민정음의 실용성을 검증하기 위해 쓰인 이 시는 아마도 세종의 업적을 기리기 위해 함께 도안한 것으로 보입니다.

지폐의 뒷면이 재미있습니다. 조선시대 과학기술의 눈부신 발전이 오늘날까지 이어졌다는 점이 상징적으로 표현되어 있어요. 조선시대 천체관측 기구인 혼천의가 중심에 있고, 배경에는 고구려 천문도의 영향을 받아 조선 태조 때 제작된 천상열차분야지도각석이 보입니다. 혼천의 옆으로는 현대에 제작된 1.8미터짜리 광학망원경이 함께 그려져 있습니다. 우주를 바라봤던 15세기와 20세기가 지폐 한 장에 모두 들어 있는 셈이죠. 선조들의 지혜와 슬기를 이어받아 오늘날에도 눈부신 성장을 이루고 있음을 지폐를 통해 드러내고 있어요.

마지막으로 가장 근래에 나온 5만 원을 살펴보겠습니다.

최초로 여성 초상이 사용된 지폐예요. 앞면에는 신사임당이 있고요, 그녀의 작품인 〈묵포도도〉와 가지 그림이 옆에 자리잡고 있습니다. 뒷면에는 조선 중기 화가 어몽룡의 〈월매도〉와 탄은 이정의 〈풍죽도〉가 사용되었습니다. 매화와 대나무, 선현들의 지조와 절개를 상징하던 그림이지요.

매일 보던 지폐를 이렇게 차근차근 들여다보니 조금은 새롭지 않나요? 1000원권과 5000원권에는 한국의 유교 문화가, 1만 원권에는 문자와 과학기술이, 5만 원권에는 예술이 담겨 있습니다. 화폐가 한 나라의 역사와 문화를 이해할 수 있는 힌트라는 사실을 상기한다면 앞으로 다른 나라의 화폐든 과거의 화폐든 여러 화폐를 대할 때 좀더 흥미를 가질 수 있지 않을까요? 분명한 건 일상적으로 오가는 몇 개의 동전과 지폐 안에도 역사가 살아 숨쉬고 있다는 점입니다.

호박램프로
귀신을 쫓아야지

나는 팥죽으로
귀신을 쫓을거야

팥죽

세시풍속 매해 음력의 24절기와 명절이 돌아올 때마다 전승되어온 관습에 따라 집집, 촌락, 민족 규모로 행하는 의식, 의례, 놀이 등을 일컫는다.

알면 알수록 빠져드는
우리의 세시풍속

　역사 이야기에 세시풍속이 나와 조금 의아해하시는 분이 있을지 모르겠습니다. 그러나 역사책에 실린 왕이나 영웅의 업적만이 역사인 것은 아니죠. 하루하루 나름의 치열함으로 역사를 지탱해온 무수한 일반 민중의 이야기 또한 역사입니다. 지금 이 책을 읽고 있는 여러분 또한 역사를 만들어가는 장본인들이고요. 그런 맥락에서 세시풍속 이야기를 통해 민중이 이어온 역사의 일면을 환기해볼까 합니다.

　그런데 세시풍속을 생각하면 한편으로는 씁쓸한 기분이 드는 게 사실입니다. 우리 삶이 서구화되면서 구시대적이고 별 의미 없는 것처럼 여겨지는 대표적이 전통이 세시풍속이 아닐까 하는 생각이 들어서죠. 외국의 문물을 따라 하면 세련되고, 우리 것을 찾으면 촌스러워 보인다는 시각이 은연중에 우리 사회 깊숙이 자리하고 있습니다.

한복만 해도 그렇지요. 가까운 나라 일본에 가보면 평소거리에서 기모노 입은 여성들을 많이 볼 수 있어요. 그런데우리는 오히려 한복 입은 걸 새삼스럽고 낯설게 여기는 시선이 있죠. 어느 행사든 사람 많은 자리에 한복을 입고 나가보십시오. '뭐지?' 하는 뜨악한 시선을 피하기 쉽지 않을 겁니다. 전에는 어떤 분이 한복을 입었다는 이유로 호텔 레스토랑 입장을 거부당해 언론에서 난리가 나기도 했죠.

젊은이들이 열렬히 챙기는 기념일도 마찬가지입니다. 연인들의 대표적인 기념일인 2월 14일 밸런타인데이는 원래 발렌티노라는 성인을 기리는 축일입니다. 그런데 일본의 모리나가 제과라는 식품 회사가 이날에 초콜릿을 주고받는 풍속을 고안해냈죠. 1960년에 다른 업체와 경쟁하기 위한 마케팅 수단으로 아이디어를 낸 것입니다. 당시 일본은 보수적인 문화라 여성이 남성에게 사랑을 고백하는 경우가 극히드물었어요. 여기에 착안해 2월 14일에 여성이 남성에게 초콜릿을 주며 고백을 하자는 사랑 고백 캠페인을 벌인 거죠.

물론 초콜릿은 모리나가 제과의 초콜릿을 사야 효과 만점일 테고요.

이 밸런타인데이 이벤트는 처음에는 그다지 화제가 되지 못하다가 1970년대에 들어 인기를 끌기 시작했습니다. 여성들이 열심히 초콜릿을 사자 고무된 모리나가 제과는 자사의 마시멜로까지 팔기로 마음먹었죠. 그 결과 2월에 선물을 받은 남성이 다음달에 여성에게 마시멜로를 사서 보답하는 마시멜로데이가 3월 14일에 생겨난 겁니다. 마시멜로 색깔이 흰색이라 3월 14일은 화이트데이가 되었고요. 이 문화가 1980년대쯤 우리나라에 들어온 뒤로 우리는 상업적인 목적 외에는 어떠한 뿌리도 없는 일본의 풍속을 열심히 챙기고 있는 셈이죠.

저도 조사를 하며 안 사실인데, 묻지도 따지지도 않고 생겨난 이런 기념일들이 매달 있더군요. 일일이 그 의미를 따져볼 필요도 없이 대부분 연인끼리 무언가 선물을 주고받는 날입니다. 이 기념일 중 대부분이 상업적 목적에 의해 데이 마케팅 생겨났다는 건 참 안타까운 일입니다. 우리 조상들이 아무런 멋도 분위기도 모르고 살아온 탓에 낭만적이고 재미있는 기념일이 없다면 모를까, 절대 그렇지 않거든요. 그런 의미에서 연인끼리 혹은 가족과 이웃이 같이 즐거움을 찾을 수 있는 우리의 세시풍속 몇 가지를 간략히 소개해드릴까 합니다.

우리 것도 재미있다!

우리의 여러 세시풍속을 설명하기에 앞서 세시풍속이 무엇인지부터 한번 알아봅시다. 세시풍속이란 해마다 계절에 맞추어 되풀이하는 민속 행사를 말하는데, 이는 우리나라가 농경사회였던 것과 관련이 깊습니다. 농경사회에서는 기본적으로 정착생활을 하며, 꾸준히 농사를 지어야 하기 때문에 주민들의 거주지 이동이 거의 없었습니다. 때문에 여러 가지 문화적 전통이 오래도록 전승될 수 있었죠. 또한 농사는 계절의 변화와 밀접한 관련이 있기 때문에, 계절이 바뀌는 각 시점마다 지역 공동체의 구성원들이 모여 결속을 다지거나 농사의 풍요를 기원하는 행사를 연 것입니다. 더불어 이러한 세시풍속은 민간에서뿐 아니라 국가적 차원에서 치러지기도 했습니다.

새해를 여는 설날만 해도 재미있고 의미 있는 풍습이 여럿 됩니다. 우리가 알고 있듯이 음력 정월 초하루인 설 당일에는 조상님께 차례를 지내고 어르신들께 세배를 올렸습니다. 돌아가신 분들께 먼저 절을 하고, 그다음에 살아 계신 분들께 인사를 하는 거죠. 이때 어른들이 세배를 하는 아랫사람에게 덕담을 건네는데, 윗사람은 "올해 과거에 급제한다지"와 같이 선언하는 투로 말을 합니다. 또한 설날에는 윷놀이, 널뛰기 등의 놀이를 즐기기도 했는데요, 봄부터 가을까지 쉴 틈 없이 농사일을 하던 농민들에게는 농사를 쉬는 겨울철이 유일한 휴식기였겠죠.

설날 밤에는 야광이라는 귀신이 신발을 훔쳐간다고 해서 신발을 다 엎어놓고 자는 문화가 있었습니다. 그리고 지금도 즐겨먹는 떡국 한 그릇이 빠질 수 없겠

복조리

죠? 떡국을 먹어야 나이 한 살을 먹는다고 생각했습니다. 복을 불러들이는 복조리를 집에 걸어두기도 했습니다. 왕실에서는 대신들이 임금에게 세배처럼 인사를 올렸지요. 이 같은 설 풍습은 『삼국유사』에서부터 이미 그 흔적이 보이고 있어서 유래가 깊다고 할 수 있습니다.

음력 3월 3일 삼짇날 풍속은 지금 되새겨도 뜻깊을 문화입니다. 음력 3월 초면 봄이 오고 꽃이 피기 시작할 때입니다. 그래서 삼짇날에는 마을 사람들이 산으로 놀러가 꽃구경을 했습니다. 특히 동네 여인들끼리 무리를 이루어 꽃놀이를 많이 갔다고 해요. 그리고 진달래 꽃잎을 따서 찹쌀 반죽 위에 얹어 기름에 지진 화전을 만들어 먹기도 했습니다.

삼짇날에는 진달래 화전과 더불어 탕평채를 만들어 먹는 풍속이 있었는데, 이 탕평채는 조선시대 영조가 붕당정치를 타파하는 탕평책을 논하는 자리의 밥상에 올랐다가 탕평채라는

탕평채

이름을 얻었습니다. 채소와 고기가 어우러져 지금 먹어도 맛있는 건강식인데요, 당대에는 푸른색의 미나리는 동인, 붉은색의 쇠고기는 남인, 주재료인 청포묵은 서인, 검은색의 목이버섯이나 김 가루는 북인을 상징해 이를 버무려 붕당정치로 분열된 조선 관료의 통합을 나타냈습니다. 지금도 정치

권의 분열과 갈등이 심한데요. 삼짇날에 우리 국민들이 탕평채를 손수 만들어 국회의원들에게 가져다주며 영조가 그랬듯 여당과 야당의 화합을 기원하는 퍼포먼스를 하면 의미도 있고 전통도 살리고 좋지 않겠습니까? 이런 재미있는 아이디어들을 얼마든지 우리 조상들의 삶 안에서 찾을 수 있습니다.

동지로부터 105일째 되는 날이 한식입니다. 음력으로는 2~3월, 양력으로는 4월쯤이죠. 한식의 유래 자체는 중국에서 찾을 수 있지만, 우리 전통이나 다름없이 자리잡은 명절이에요. 한식은 그 유래가 남달라 몇 자 적어보려 합니다.

중국 춘추시대 진나라에 개자추라는 사람이 있었습니다. 당시 왕은 문공이었는데, 개자추는 문공이 왕위에 오르기 전 19년이나 그를 보필하며 갖은 고초를 다 겪은 충신 중의 충신이었어요. 그런데 문공은 왕이 되자 그렇게 자신을 따르던 개자추를 제대로 대우해주지 않았지요. 개자추는 서운한 마음에 홀어머니를 모시고 산으로 들어가버립니다. 왕이 그제야 자신의 행동을 후회하며 개자추에게 산에서 내려올 것을 종용했지만, 그는 내려오지 않았어요. 이에 왕은 꾀를 내었고, 산 밑에 불을 질러 화기를 못 견딘 개자추가 산에서 나오기를 기대하고 있었습니다. 그런데 산 전체가 잿더미가 될 때까지 개자추는 나타나지 않았어요. 나중에 찾아보았더니 그는 산에서 나오지 않고, 어머니와 껴안은 채 그대로 타 죽어 있었습니다. 문공은 큰 슬픔에 잠겨 개자추가 죽은 날 만큼은 불을 사용하지 말 것을 명했고, 그래서 이날은 밥을 짓지 못하고 전날에 미리 지어놓은 식은밥을 먹는 풍습이 생겼어요. 한 사람의 죽음을 기리기 위해 하루 정도 찬밥을 먹는 날, 이날이 바로 한식寒食입니다.

지금은 거의 챙기는 사람이 없지만 과거에는 단오가 아주 큰 명절이었습니다. 음력 5월 5일은 우리나라 4대 명절설, 한식, 추석, 단오 중 하나인 단오날입니다. 유네스코에서는 단오 세시 풍속의 가치를 인정해 강릉단오제를 '인류 구전 및 무형유산 걸작'으로 등재했죠. 이날 여인들은 향기 나는 창포물에 머리를 감고 쑥을 꽂은 채 춤을 추며 노닐었고, 장정들은 씨름이나 돌 던지기 놀이 등 체육대회를 했습니다. 춘향이가 이몽룡을 사로잡은 문제의 그네뛰기 역시 단오에 벌어진 일이죠. 한 해의 풍년을 기원하는 축제인 단오는 우리 전통놀이가 다채롭게 펼쳐지는 풍속이라, 오늘날 '대국민 축제'로 승화하기에 가장 좋은 날이 아닐까 생각합니다.

여름에는 밸런타인데이, 화이트데이 등 모든 데이day들을 충분히 잠재우고도 남을 만한 우리의 로맨틱한 명절, 칠월 칠석이 있습니다. 로미오와 줄리엣보다 더 비극적인 연인, 견우와 직녀가 1년에 딱 한 번 만나는 슬프고도 기쁜 날이 칠월 칠석입니다.

직녀는 옥황상제의 손녀로 그야말로 고귀한 신분입니다. 이런 직녀가 목동인 견우와 만나서 결혼까지 할 수 있게 된 건 할아버지 옥황상제가 착하고 부지런한 견우를 맘에 들어 했기 때문이지요. 그런데 견우와 직녀는 서로를 너무 사랑한 나머지 애정 사업에만 열중하여 서로 할 일을 게을리하고 말아요. 견우는 소를 돌보지 않고, 직녀는 베를 짜지 않고 놀기만 한 것이죠. 그리하여 사람들은 천재와 기근으로 고통 받게 됩니다. 이에 노한 옥황상제는 두 사람을 갈라놓았습니다. 결국 견우와 직녀는 은하수를 사이에 두고 서로를 그리워하는 나날을 보내게 되었죠.

이 둘 사이를 안타깝게 여긴 까마귀와 까치가 모여, 1년에 딱 하루 동안 은하수 위에 오작교라는 다리를 지어 그들을 만나게 해줍니다. 그게 바로 음력 7월 7일, 칠석이죠. 그래서 칠석이 지나면 까마귀와 까치의 머리털이 벗어진다고 보

았답니다. 그리고 칠석엔 견우와 직녀가 흘린 눈물로 비가 온다고 하는데요. 만남의 기쁨과 곧 닥쳐올 헤어짐의 슬픔으로 흘리는 견우직녀의 눈물은 칠석우七夕雨라고도 부릅니다. 칠석 하루 전에 내리는 비는 기쁨의 눈물, 칠석 다음날 내리는 비는 슬픔의 눈물이라죠.

또한 칠석날에는 여인들이 장독대에 물 한 그릇을 떠놓고 바느질 솜씨가 늘게 해달라고 직녀별에 비는 걸교乞巧를 행하기도 했습니다. 지역에 따라서는 칠석제를 지내기도 하고, 밀전병을 만들어 먹으며 가무를 즐기기도 했지요.

이외에도 소개해드릴 세시풍속은 많지만, 지면에 담은 몇 가지만 제대로 챙겨도 전통과 재미를 모두 살리는 즐거운 명절들을 보낼 수 있지 않을까 싶습니다. 요즘은 민족의 명절이라는 추석마저도 가족들이 모두 모이지 않는 경우가 많죠.

한류 열풍에서 확인했듯 세계와 소통하는 가장 쉬운 수단은 문화입니다. 그런 의미에서 우리의 세시풍속 또한 우리가 가진 귀중한 유산이겠죠. 단오제가 유네스코에 등재되었을 때 중국에서 대대적으로 반발한 적이 있어요. 단오의 기원은 중국인데 한국이 가져가 자신들의 풍속인 양 세계로부터 인정을 받았다는 것이죠. 단오가 중국에서 유래한 것은 사실입니다. 그러나 중국은 단오를 지내지 않고 흘려보냈고, 우리는 꾸준히 단오 풍속을 챙겨왔습니다. 지켜냈기 때문에 우리의 문화로 인정받은 겁니다.

거꾸로 우리의 가치 있고 소중한 명절들을 제대로 챙기지 않는다면, 우리의 전통문화는 사라지거나 남의 것이 될 수도 있습니다. 일본이 김치를 자국의 음식인 것처럼 홍보하고 있는 문제가 두 번 세 번 벌어지지 않으리라는 법이 없죠.

어디서 유래했느냐보다 얼마나 잘 계승하고 발전시켰으며 충실히 즐기고 있느냐가 관건입니다. 우리의 문화, 특히 세시풍속은 문화재청에 있는 공무원들이나 대학의 전문가들이 지키는 것이 아닙니다. 우리 스스로가 흥미를 가지고 일상으로 불러들일 때 비로소 우리의 것이 됩니다. 달력에 표시된 우리 명절과 절기, 무심히 지나치지 마시고 우리 조상들의 멋을 한번 되새겨보시기 바랍니다.

과거를 잊어버리는 자는
그것을 또다시 반복하게 된다.

조지 산타야나, 철학자

풍속화 인간의 생활상을 그린 그림.

김홍도(1745~1806?) 영·정조 시대부터 순조 초기까지 활동한 조선 후기의 대표적인 화가. 모든 미술 분
야에 능통했으나 특히 풍속화에서 두드러진 작품을 다수 남겼다.

초상화부터 풍속화까지! 만능 재주꾼, 단원 김홍도

저는 개인적으로 그림에 관심이 많습니다. 별다른 교육을 받은 적이 없는 데도 어려서부터 대회에 나가 상도 타고 그랬던 걸 생각하면 재능이 제법 있었던 것 같아요. 지금은 이렇게 학생들에게 역사를 가르치는 일을 하지만 시간을 내어 틈틈이 그림을 그리는 것도 제 즐거움 중 하나입니다. 부족하나마 제 작품들을 모아 인사동에서 전시회를 열기도 했답니다. 그런 까닭인지 우리 역사 속 뛰어난 화가의 삶이나 훌륭한 작품을 대할 때 남다른 설렘을 느끼곤 합니다. 제 흥분이 이 글을 통해 여러분께 조금이나마 전달될 수 있었으면 좋겠습니다.

풍속화는 민중의 일상생활을 다룬 그림을 말합니다. 실제 사람들이 살아가는 모습을 담아낸 게 풍속화죠. 풍속화는 보통 인장^{도장}이나 낙관^{글씨나 그림을 완성한 뒤 작품에 자신의 아호나 이름,} ^{그린 장소와 날짜 등을 쓰고 도장을 찍는 일, 또는 그 도장이나 도장이 찍힌 것}을 통해 작가가 명확히 드러나는 경우가 많습니다.

풍속화가 유행하기 시작한 것은 18세기부터입니다. 조선 전기에는 주로 선비들이 그리는 그림이 대부분이었어요. 사 군자^{매화, 난초, 국화, 대나무의 네 가지 식물 또는 그 그림}라고 들어보셨죠? 사대부들의 성리학적 가치와 이념을 나타낸 문인화^{그림을 직업} ^{으로 삼지 않는 문인이 그린 그림. 왕실의 귀족이나 사대부, 또는 벼슬하지 않는 선비들이} ^{그렸다}가 조선 전기 회화의 대다수였습니다.

강세황, 〈사군자〉 순서대로 난초, 국화, 대나무, 매화.

이러다가 조선 후기 상품화폐 경제의 발달과 신분제의 동 요로 조선의 미술은 변화하기 시작합니다. 과거에 비해 경제적으로 풍족해진 양인이 늘면서 문화생활을 누릴 만한 여유도 갖게 되었거든요. 덕분에 『춘향전』 같은 한글소설이 유행하는가 하면 큰 시장을 중심으로 양반을 비판하고 조롱하는 산대놀이 같은 놀이문화도 발달합니다. 그림도 마찬가지였어요. 기존에 양반층을 중심으로 이루어지던 미술이 서민 계층으로 옮겨와 서민의 삶을 담아내는 작품들이 나타나기 시작했습니다.

조선 후기의 대표적인 풍속화가는 우리가 잘 알고 있는 김홍도와 신윤복입니다. 그 명성이 워낙 대단하여 여러 역사책에서도 자주 접할 수 있지만, 근래에는 『바람의 화원』 같은 책이나 드라마 등 각종 매체를 통해서도 만나볼 수가 있죠. 베일에 싸여 있어 더 드라마틱한 삶과 황홀한 작품 세계, 뛰어난 천재성이 주는 신비감 덕분에 그들은 각종 영화나 드라마의 단골 소재로 등장하고 있습니다.

한국 미술사에 남은 조선의 천재 화가라면 단연 김홍도를 첫손가락에 꼽을 수 있겠지요. 그리고 시대를 앞서간 천재로 시간이 지날수록 재평가되고 있는 신윤복은 확고한 마니아층을 거느린 스타일이라 할 수 있겠고요. 그럼 지금부터 조선의 맨얼굴을 담아낸 이 두 화가의 작품 세계로 함께 떠나보겠습니다.

못 그리는 것이 없다! 왕의 남자 단원 김홍도

먼저 김홍도 이야기를 해볼게요. 김홍도는 위로는 왕의 얼굴부터 아래로는 촌로^{시골 노인}의 얼굴까지 전 계급과 대상을 화폭에 담아낸 정조 대의 최고 화가였습니다. 그는 산수화부터 인물화까지 다양한 화풍을 소화했으며, 시와 서예, 악기에도 능통했던 다재다능한 인물이었습니다. 물론 가장 인정받는 건 그림, 그중에서도 풍속화지요. 조선 민중의 삶을 있는 그대로 사실적으로 표현한 최초의 화가이자, 후대 화가들에게 지대한 영향을 끼친 대가였습니다.

김홍도의 탄생에 대해서는 거의 알려진 바가 없습니다. 단지 조선에 최초로 원근법을 도입한 문인화가 강세황의 제자였다는 정도로만 알려져 있어요. 훌륭한 스승 밑에서 아주 어릴 적부터 가르침을 받았으며, 그 천재성을 유감없이 드러내 스승의 추천으로 도화서에 들어갑니다.

도화서^{圖畵署}는 조선시대 궁중에서 필요한 그림을 전담하던 관청입니다. 그림을 그리는 일은 기술이라고 할 수 있지만, 도화서는 6조 중 건축이나 기기 제작 등 기술직을 관리하는 공조가 아닌 예조에 소속된 관청이었습니다. 그만큼 왕실의 그림이 의례와 관련이 깊었기 때문이죠. 그렇다면 도화서에서 그린 그림, 즉 궁중에 필요한 그림이란 무엇이었을까요?

우선 국왕의 초상화인 어진御眞이 있습니다. 그리고 공신이나 사대부의 초상화도 필요에 따라 제작했습니다. 또한 궁중에서 사용하는 병풍에 들어갈 그림, 지도 등을 그리고, 외국을 방문하는 사신단 행렬을 따라가서 외국 풍물을 그려오는 일 등을 담당했습니다. 또한 왕실 행사를 글과 그림으로 기록한 의궤儀軌의 그림도 도화서에서 담당했습니다. 화가의 역할과 함께 오늘날의 사진 기자와 같은 역할도 했다고 볼 수 있죠.

도화서에 들어간 김홍도는 그 안에서도 두드러진 실력으로 스물아홉이란 젊은 나이에 당시 임금이었던 영조와 훗날 정조가 되는 세손의 초상을 그렸다고 하니, 그 실력 알 만하지요? 정조가 왕이 된 후에 한번 더 정조의 어진을 그렸다고 하는데 이 그림들은 지금 남아 있지 않습니다.

단원은 어릴 적부터 그림을 공부하여 못 그리는 것이 없었다. 인물,

103

김홍도와 정조는 남다른 인연이 있습니다. 정조는 미술을 무척 사랑했던 임금으로 때때로 도화서의 화가들에게 까다로운 주제를 주고 그림을 그려 오게 한 후, 그 그림들을 감상하는 것을 낙으로 삼았습니다. 그런데 이때 그림이 마음에 차지 않으면 그 화가를 도화서에서 내쫓아 귀양을 보내기까지 합니다. 그는 직접 붓을 들어 그림을 그리기도 했는데, 정조가 그린 〈들국화〉라는 그림을 한번 보시죠. 미술에 안목이 없는 사람이 보기에도 어딘지 멋이 느껴지지 않습니까? 이처럼 예술을 사랑했던 임금이 정조였습니다.

김홍도는 이런 정조의 사랑을 독차지했던 인물이었습니다. 정조는 김홍도의 그림을 무척 사랑하여, 그가 그림을 잘 그린다는 이유만으로 '현감'지방행정 관서인 현縣의 우두머리이라는 벼슬을 줘요. 우리가 흔히 알고 있는 사또나 원님 같은 벼슬이죠. 중인이었던 김홍도가 올라갈 수 있는 최고의 관직이었습니다. 그런데 아무리 그래도 예술가가 사또라니요. 당연히 정치

엔 능하지 못했을 테고,
김홍도는 권세를 오래
누리지 못한 채 금방 벼
슬에서 물러나게 됩니
다. 그러나 이때 현감으
로 일하며 백성들을 가
까이서 살폈던 경험은
후에 김홍도가 민중의
삶을 자신만의 개성으
로 그려내는 중요한 계
기가 되었습니다.

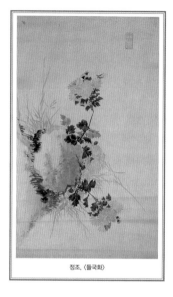

정조, 〈들국화〉

김홍도는 그림에 솜씨 있
는 자로서 그 이름을 안
지가 오래다. 30년쯤 전에 나의 초상을 그렸는데, 이로부터 무릇 그림
에 관한 일은 모두 홍도를 시켜 주관케 하였다.

_정조의 어제 문집, 『홍재전서』

신선 같았던 천생 그림쟁이, 인간 김홍도

김홍도는 실제로 어떤 사람이었을까요? 예술작품을 보면
그 작가의 가치관이 어떠한지 엿볼 수 있다고 하죠. 김홍도의 그림은 대부분 해학적이고 재미있습니다. 그림 속 인물들은 대체로 웃고 있고요. 그래서 저는 막연히 김홍도 역시 밝고 긍정적인 사람이 아니었을까 추측해보곤 했는데요, 조선시대 김홍도를 평한 글들을 보면 그가 "훤칠하고 풍채가 아름다우며, 마음 씀씀이도 크고 넓어 속세의 사람 같지 않았다" "신선이라 불렸다"는 등의 기록이 있는 걸 보니, 제 추측이 틀리지 않았나 봅니다. 사람 좋고 용모도 뛰어난 매력적인 예술가의 풍취가 그에게 있었던 모양입니다.

그러나 김홍도의 말년은 그다지 아름답지 못했습니다. 경제적인 어려움에 시달려 끼니를 걱정할 정도였어요. 하지만 배고픔도 미술에 대한 김홍도의 열정을 꺾지는 못했습니다. 이런 일화가 전할 정도지요. 하루는 김홍도가 길을 가다 기이하고 아름다운 매화나무를 파는 것을 발견합니다. 그 매화를 사서 그리고 싶었으나 가격이 어마어마해 엄두를 못 내고 있었죠. 이때 어떤 이가 그림을 청하고 사례를 하자 그 돈을 거의 다 털어 매화나무를 사고 맙니다. 그러자 남은 돈이라곤 하루 지낼 먹을 것만 살 수 있을 정도였죠. 쌀 한 톨이 아쉬운 순간에도 주저 없이 그림을 선택하는 인물, 김홍도는 천생 그림쟁이였던 것입니다.

사람 냄새와 따뜻한 시선, 단원의 작품 세계

대략 김홍도가 어떤 인물이었는지를 알아봤고요. 이제부터는 김홍도의 그림 세계로 들어가보겠습니다. 김홍도 화법의 몇 가지 특징들을 살펴볼게요. 우선 김홍도는 자극적이고 화려한 빛깔보다는 수묵화에 가까울 정도로 담담한 색채를 선호했습니다. '윤곽선 불일치 기법'이라 하여 정해진 스케치 안에서 그림을 마무리하는 게 아니라 선과 배경을 넘나들며 붓 가는 대로 색을 넣기도 했지요. 이런 방식은 김홍도 사후 100여 년 뒤에 등장한 세계적인 화가 피카소의 그림에서나 찾을 수 있습니다. 피카소의 〈모자상〉이란 그림을 보면 윤곽선에 구애받지 않고 채색이 자유롭게 이뤄졌음을 확인할 수 있죠. 마치 빛이 번져나간 것처럼요. 시대를 앞서 나간 김홍도의 천재성을 엿볼 수 있습니다.

또한 김홍도의 풍속화에는 거의 배경이 없다는 특징이 있습니다. 모든 화풍에 능했던 그가 배경을 그릴 줄 몰라서 그랬던 건 아니겠죠. 게다가 원근법의 대가 강세황 밑에서 배운 그였기에 마음만 먹으면 누구보다 정밀한 배경 구사가 가능했을 것입니다. 김홍도가 배경을 포기한 이유는 풍속화 특유의 인물 중심 구조를 강조하기 위함이란 해석이 지배적입니다. 그만큼 김홍도는 그림 속 인물, 현장에서 벌어지는 삶에 집중했습니다.

다음은 구도를 보겠습니다. 김홍도는 ×자형, 원형, 마름
모꼴 구도를 즐겨 사용했어요. 일단 ×자형 구도는 〈점심〉이
라는 작품에 드러나 있습니다. 〈점심〉은 제가 각별히 좋아
하는 그림이기도 한데요, 볼 때마다 어딘지 좀 짠한 감정이

김홍도, 〈점심〉

느껴지거든요. 한편에서 아이에게 젖을 먹이고 있는 여인 때문인데요, 이 점심식사 광경에서 유일하게 아무것도 먹지 않고 있는 두 존재가 바로 개와 어머니입니다. 개는 아마도 사람들의 식사가 끝나면 먹거리가 생길 터인데, 어머니는 남들이 다 밥을 먹을 때에도 아이에게 젖만 물리고 있죠. 당시의 어머니들이 어떤 존재였는지 설명해주는 것 같아 괜히 마음이 울컥해지곤 합니다.

원형 구도를 사용한 그림은 〈무동〉이라는 작품도 유명하지만, 〈씨름〉을 빼놓을 수 없습니다. 워낙 유명한 그림이라

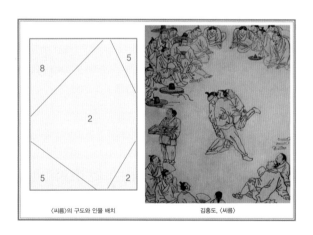

〈씨름〉의 구도와 인물 배치　　　　　　　　김홍도, 〈씨름〉

어디서든 한 번쯤 보셨을 텐데요. 들여다보면 볼수록 재미가 있는 작품이니 조금 자세히 이야기해볼까 해요. 참, 우리나라 옛 그림들은 우측 상단부터 좌측 하단 쪽으로 내려오며 감상하는 것이 정석이거든요. 그 순서에 따라 같이 한번 그림을 들여다볼까요?

오른쪽 위부터 보면 씨름을 열심히 구경하는 사람들이 있고, 그 가운데 쌍둥이로 보이는 꼭 닮은 두 젊은이가 있어 재밌습니다. 좌측으로 시선을 옮겨보면 신발을 벗고 갓까지 푼 채 씨름을 보는 사람이 있는데요, 표정이나 무릎을 세워 올린 자세가 어쩐지 긴장되어 보이지 않나요? 아마도 이 사람이 이번 판이 끝나면 다음에 출전할 선수인 것 같습니다. 그 옆에 마찬가지로 갓을 풀어놓은 사람은 또 그다음 차례인 것 같고요. 그 아래쪽을 보니 사람들이 많이 모여 장사가 잘되는지 웃고 있는 엿장수가 보입니다.

중앙에서 힘을 겨루고 있는 선수들을 볼까요? 이 둘 중에 누가 이길 것 같나요? 아마 들배지기 기술로 상대방을 들어 올린, 앞쪽에 있는 사람이 이기지 않을까요? 승기를 잡은 이 사람은 얼굴 표정도 굳건하거니와 손에 힘줄도 굵게 서 있고, 샅바를 잡은 위치도 정확하죠. 반면에 들린 사람은 표정도 난감해하고, 무게중심을 완전히 잃은 상황입니다. 손의 위치 역시 상대를 제압하지 못하고 엉뚱한 곳을 잡고 있죠. 막 쓰러지기 직전의 찰나로 보이는데, 어느 쪽으로 넘어가게 될까요? 주변 사람들의 표정과 상태를 보면 알 수 있습니다. 우측 하단에 있는 사람들을 보세요. "어어, 쓰러진다!" 하면서 상체를 뒤로 젖혀 피하려는 모습을 하고 있죠. 위쪽 사람들의 여유로운 자세와 비교해보면 확연히 차이가 납니다.

이 그림을 원형 구도라 소개했고 기본적인 배치 또한 그래 보이지만, 실상 〈씨름〉은 마름모꼴에 더 가까운 그림입니다. 원형의 안정감을 취하려면 상하좌우의 인물 수를 비슷하게 배치해야 하는데, 〈씨름〉은 좌측 상단에 비해 우측 하단의 사람 수가 두드러지게 적어요. 이런 구도는 그림에 불안정감을 주는 동시에 씨름이라는 경기가 주는 역동감을 한층 돋보이게 하는 역할을 합니다. 결과적으로 〈씨름〉 속 인물들의 배치와 구도, 자세와 표정 등 모든 것이 현장의 생동감을 생생히 전달하려는 목적으로 치밀하게 짜여 있다는 이야기입니다.

앞서 말씀드렸듯이 김홍도 그림 속 인물들은 대부분 웃고 있어요. 심지어는 밭을 가는 소까지 웃고 있을 정도니까요.

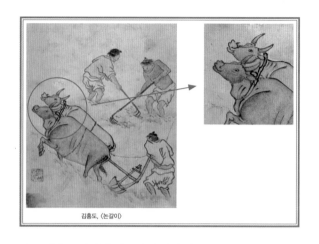
김홍도, 〈논갈이〉

이는 김홍도 본인의 인품이 반영된 결과라고 볼 수도 있겠지만, 김홍도가 임금의 명을 받아 풍속화를 그렸기 때문이라는 추측도 있습니다. 당시 정조의 명을 받들어 백성의 삶을 살피고자 풍속화를 그린 김홍도가 백성을 지극히 아끼는 정조 앞에 굳이 우울한 얼굴의 민중을 그려 보일 이유가 없었다는 것이죠. 정조 시대가 태평성대였다는 걸 상징하기도 하고요.

김홍도의 그림 중 웃지 않는 인물이 등장하는 것이 〈길쌈〉이라는 작품인데요, 노동의 고됨을 표현하기 위함인지 그

림 속 인물들의 표정
이 우울합니다. 길쌈
은 베를 짜는 일을
말하는데, 정말 힘든
노동이었다고 해요.
하루종일 집안일에
시달린 여성들이 밤
에도 쉬지 못하고 베
를 짰던 것이죠. 하
루 열두 시간씩 일주
일 동안 짜야 겨우

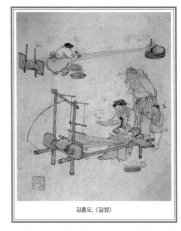

김홍도, 〈길쌈〉

옷 한 벌을 만들 수 있었습니다. 베를 짜는 여성 뒤에는 아
이를 업고 있는 시어머니가 보이는데요, 못마땅한 표정으로
일하는 며느리를 바라보며 서 있습니다. 전형적인 시집살이의
애환이 표현되어 있네요.

베 짜는 곳 위로는 풀 먹이는 작업을 하는 여성이 보입니
다. 실에 풀을 먹여 끊어지지 않도록 하는 건데요, 쪼그려
앉아 한참이나 이런 작업을 하려면 굉장히 힘들었을 겁니
다. 한 그림 속에 있지만 저는 아래위의 두 여성이 같은 인
물로 보여요. 옷차림과 머리 모양도 물론 똑같지만 하루종일

반복되는 노동에 시달리는 그 시대 어머니의 모습을 그림 한 폭 안에 형상화한 게 아닌가 하는 생각이 들거든요.

실수일까, 재치일까? 김홍도 코드

마지막으로 김홍도의 그림에 숨겨져 있는 비밀 코드 한 가지를 공개해보겠습니다. 단원의 풍속화를 보다 보면 어딘지 모르게 어색한 부분을 발견할 때가 종종 있어요. 바로 손이나 발 모양이 반대로 그려져 있는 거죠. 〈무동〉에서 해금을 잡고 있는 연주자의 손이나 〈씨름〉에서 우측 하단에 팔을 뒤로 뻗은 구경꾼의 손 모양을 보면 반대로 뒤집어져 있거든요.

단순한 실수일까요? 얼마든지 사실적인 화법을 구사할 수

〈무동〉과 〈씨름〉의 부분 뒤집힌 손 모양을 보라.

있었던 천재 화가 김홍도
가 이런 실수를 반복했으
리라는 생각은 쉽게 들지
않습니다. 이와 관련해서
'단순한 실수다' '함께 작
업하던 다른 화원들의 실
수다' '김홍도가 왼손잡이
여서 좌우를 헷갈린 것이
다' 등 분분한 의견이 있
지만 그 어떤 것도 명확
한 답변은 되지 않죠. 그
런가 하면 오히려 단원의
재치로 해석하는 견해도
있어요. 그림을 보는 사
람들이 이런 실수를 알
아챌 수 있는지 없는지
보기 위해 재치를 발휘해
잘못 그린 것이라는 이야
기죠. 저는 자신의 그림
에 비밀스럽고 특징적인
코드를 일부러 심어 작가

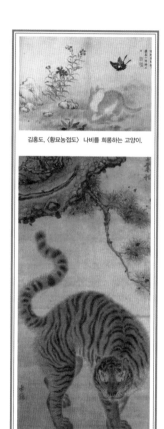

김홍도, 〈황묘농접도〉 나비를 희롱하는 고양이.

김홍도, 〈송하맹호도〉

적 존재감을 나타낸 게 아
닐까 하는 생각입니다. 일
종의 트레이드마크 같은
것이죠.

지금까지 김홍도 그림
의 특징들을 쭉 정리해봤
습니다. 조선 최고의 풍속
화가로 알려져 있지만, 사
실 김홍도의 작품세계는
하나로 규정하기가 어렵습
니다. 『원행을묘정리의궤』
처럼 국가적인 행사를 사
진 찍듯 그려 기록적 가치
를 지닌 작품도 있는가 하
면, 〈황묘농접도〉 〈송하

김홍도, '관동팔경도' 중 〈구룡연도〉

맹호도〉처럼 동물을 마치 눈앞에 살아 있는 것처럼 정밀하
게 표현해낸 그림들도 있습니다. 특히 〈송하맹호도〉는 털 한
올 한 올이 살아 숨쉬는 것 같은 사실성 높은 묘사가 일품
인데요, 호랑이를 눈앞에서 오랫동안 관찰하는 일은 사실상
불가능하니 순전히 상상만으로 그려낸 것일 텐데도, 보고

있으면 정말 호랑이가 내 눈앞에 있는 듯이 느껴지죠. 그런가 하면 금강산 구룡폭포를 그린 〈구룡연도〉 같은 멋진 산수화도 있습니다. 이 풍경과 구도는 실제 금강산에 가서 실물과 비교해봐도 거의 오차가 없을 정도죠. 김홍도는 이처럼 대상에 따라 자유자재의 기법을 사용하여 원하는 모든 것을 형상화할 수 있었던 천재였습니다.

마지막으로 제가 가장 좋아하는 그림 한 점을 소개하고 김홍도 이야기를 마무리하려 합니다. 제가 20년 가까이 학생들을 가르치는 일을 해서일까요, 이 그림을 보면 항상 재미있습니다. 바로 그 유명한 〈서당〉입니다. 서당은 조선시대 사교육 기관으로, 농민의 자식부터 양반의 자제들까지 모아놓고 글을 가르쳤던 곳입니다. 그래서 이 그림 안에도 농민과 양반이 함께 있어요. 왼편의 아이들이 농민, 오른편의 아이들이 양반입니다. 저고리의 길이를 보면 알 수 있는데 농민 아이들이 짧은 저고리를 입은 데 비해 양반 아이들은 좀 더 긴 도포를 입고 있죠.

가운데에 있는 아이를 보니 훈장님께 회초리로 종아리를 맞은 후 울면서 바지의 대님을 묶고 있네요. 그런데 이 아이의 어깨 부분을 보시면 저고리 선이 다른 아이들에 비해 매

김홍도, 〈서당〉

우 쭈글쭈글하게 그려진 것을 볼 수 있습니다. 이는 선의 변화를 통해 울면서 어깨를 들썩이는 모습을 표현한 것입니다. 맨 아래쪽 아이의 옷은 선이 좀더 삐죽삐죽하게 그려졌네요. 네, 맞습니다. 혼나서 우는 친구를 보면서 키득거리며 웃고 있는 것이죠. 매를 친 훈장님의 표정은 그렇게 좋아 보이지 않습니다. 회초리를 들긴 했지만 제자가 울고 있으니 매우 안쓰러워하는 눈빛이에요.

한편, 왼쪽 농민 아이들을 보세요. 표정이 은은하게 웃고는 있지만 입을 가리고 어떻게 해서든 답을 가르쳐주려 노력하고 있어요. 특히 가장 위의 아이가 작고 흐리게 그려졌는데, 이는 은밀히 답을 가르쳐주려는 아이의 의도까지 드러내는 표현이라 볼 수 있겠습니다. 반대로 오른쪽의 양반 아이들은 그저 비웃고 있을 뿐이네요. 다만 이 중에 수염 난 아이 하나가 웃지 않고 안절부절못하며 책을 들여다보고 있는데, 아마 훈장님의 질문을 받을 다음 차례가 아닐까 짐작해 볼 수 있습니다. 이렇듯 김홍도의 작품은 그림 속 인물 한 명 한 명 모두에게 애정 어린 시선과 관심이 녹아 있습니다.

조선을 대표하는 위대한 화가였지만 누구보다 서민의 삶에 가깝게 다가갔던 화가 김홍도. 그의 그림이 오래도록 사랑받는 이유는 그의 천재적인 작화 능력보다도 그의 그림에 담겨 있는 따스한 시선과 민중의 삶을 향한 관심 때문일 것입니다. 기회가 된다면 이 지면에 담지 못한 김홍도의 다른 작품들도 찾아보시고, 사람 냄새 물씬 풍기는 그 따뜻하고 푸근한 세계에 빠져보시는 건 어떨까요.

신윤복(1758~?) 조선 후기의 풍속화가. 양반층의 풍류와 남녀 간의 연애를 세련된 감각으로 과감하게 표현하며 풍속화의 새로운 지평을 연 화가로 평가받는다.

난 여자가 아니랍니다, 혜원 신윤복

김홍도에 이어 이번에는 신윤복입니다. 저는 신윤복을 '화원계의 집시'라고 표현하곤 하는데요. 참으로 자유로운 영혼이자 드라마 제목처럼 바람 같은 인물이었기 때문이죠.

신윤복 그림을 설명하면서 빼놓을 수 없는 것이 바로 '여자'입니다. 그림만 놓고 보면 그는 여자를 참 좋아했던 모양입니다. 신윤복의 그림에 등장하는 총 162명의 인물 중 여성이 무려 72명이나 돼요. 여성이 없는 그림은 단 한 점도 없습니다. 같은 시대 김홍도의 그림 속에 총 184명의 인물 중 여성이 단 20명만 등장하는 것과는 굉장히 대조적이죠. 조선시대에 이렇게 여자를 주인공으로 삼아 그림을 그리는 일

신한평, 〈이광사 초상〉   신한평, 〈자모육아〉

은 흔치 않았어요. 여성에 대한 남다른 관심과 애정이 반영
된 것이라 짐작합니다.

이렇듯 여성을 중심으로 사실적인 묘사를 한 탓에 신윤
복은 여자가 아니냐는 오해를 받기도 합니다. 이 의구심을
여러 가지 형태로 흥미롭게 묘사한 픽션도 나왔지만, 이는
사실이 아닙니다. 신윤복의 아버지는 신한평이라는 인물인
데요, 슬하에 2남 1녀를 두었습니다. 고령 신씨 족보를 보니
형이 윤복, 동생이 윤수로 되어 있습니다. 조선시대 딸들은
대개 족보에 이름이 오르지 못했거든요. 그런데 신한평이 그
린 그림 중에 〈자모육아〉젖 먹이는 어머니라는 작품이 있습니다.
이 그림은 슬하에 2남 1녀를 둔 신한평의 가족을 그린 작품이라 추정되는데요. 젖을 문 아이가 동생 윤수, 오른쪽에 서 있는 아이가 신윤복입니다. 신윤복이 남자였음을 알려주는 그림이라 할 수 있죠.

신한평은 화원으로 도화서에 소속되어 있던 직업 화가였고, 신윤복 집안은 여러 명의 화원을 배출했습니다. 따라서 아버지 밑에서 그림을 배운 신윤복 역시 도화서 화원이 아니었을까 추측해볼 수 있지만 기록에는 남아 있지 않습니다. 그런데 신윤복에 대한 기록이 워낙 없다 보니, 그가 처음에는 화원이었으나 풍속에 어긋난 그림을 그리다 쫓겨나지 않았을까 하는 추측이 정설처럼 받아들여지고 있죠. 하지만 여전히 증거는 없습니다. 그의 삶은 베일에 싸여 있어요. 출생부터 성장 과정, 죽음에 이르는 일체의 삶이 기록되어 있지 않은 까닭이죠. 그를 만날 수 있는 유일한 방법은 그가 남긴 그림뿐입니다. 그래서 작품을 통해 신윤복이란 인물을 들여다보도록 하겠습니다.

색의 마술사

신윤복의 그림에서 표현상 가장 두드러진 특징은 역시 색일 겁니다. 색채의 미학이라 불릴 정도로 다채로운 색깔을 사용했어요. 신윤복 그림의 백미라고 칭해지는 〈단오풍정〉

신윤복, 〈단오풍정〉

만 봐도 이를 확연히 알 수 있습니다. 그림의 배경은 한적한
계곡이고, 여인들이 목욕을 하며 머리를 감고 있죠. 가운데
쯤에는 화려한 빛깔의 한복을 차려입은 여인이 그네를 타고
있어 보는 이의 눈길을 사로잡습니다. 당시에는 이런 원색을
사람의 마음을 흐리게 한다고 하여 쓰지 않았는데, 신윤복
은 파격적으로 붉은색을 사용한 것이죠.

   그네 타는 여인 위로 아주 긴 머리를 늘어뜨린 여성이 있죠. 이 머리를 땋아 올리면 커다란 비행접시 같은 모양이 되는데, 가체라고 하여 남의 머리를 가져다 붙이는 여인들의 헤어스타일이었습니다. 이 가체가 크면 클수록 비싸다 보니 부의 상징으로 여겨졌죠. 여기에 갖가지 장신구들까지 더해 치장하는 게 당시의 유행이었어요. 그러다 보니 조선 후기에는 가체가 너무 무거워져 가체를 쓴 며느리가 시아버지에게 인사를 하다 목뼈가 부러져 죽은 일까지 있었습니다. 아주 무거운 가체는 무려 7~10킬로그램에 달했다니, 조선시대에도 멋 부리기는 참 쉬운 일이 아니었던 것 같습니다.

목욕하고 있는 여자들을 다시 보시죠. 반나체 차림에 젖꼭지까지 붉은 점으로 선명하게 묘사되어 있어요. 당시 조선에서는 상상도 할 수 없을 정도의 파격적인 표현이죠. 그리고 그 위로는 머리를 박박 깎은 두 남자가 바위 뒤에 숨어 여자들을 훔쳐보고 있습니다. 머리 모양을 봐서 이들이 중일 거란 추측을 할 수 있습니다. 나체의 여인들을 훔쳐보는 스님이라니요. 당시로서는 얼마나 불경하고 파격적인 그림이었겠습니까. 그냥 봐도 조선시대에 만나기 쉽지 않은 색다른 느낌의 그림이었음이 분명합니다.

그림의 구도는 어떤가요? 상하좌우 인물의 수를 대체로

균등하게 배분해 균형을 맞추면서도 그 숫자를 완전히 똑같이 두지는 않았죠. 여기서 오는 약간의 불균형을 이용해 단오라는 명절이 주는 들뜨고 흥분된 느낌을 나타내고 있습니다.

작품에 방점을 찍다, 그림 속의 시

신윤복의 그림에서 유심히 보아야 할 것은 그림만이 아닙니다. 조선시대 그림에는 한 귀퉁이에 글자가 적혀 있는 경우가 많은데요, 이것을 '제발'題跋, 서화 두루마리와 첩책 말미에 기록한 그 감상록이라 부릅니다. 제발은 화가 본인이 적을 때도 있지만 그림을 본 사람들이 그에 대한 감상을 한두 마디씩 쓸 때도 있었어요. 신윤복은 보통 자신이 직접 제발을 적었는데, 그 내용이 워낙 와닿고 절절하여 그가 시인으로서도 훌륭한 재능이 있지 않았나 추측하게 됩니다.

이와 관련해 〈주유청강〉뱃놀이이라는 작품을 살펴볼게요. 배를 타고 놀러 나온 사람들을 그린 그림인데, 등장인물의 남녀 짝을 지어보면 비율이 맞지 않습니다. 남자는 다섯인데 여자는 셋이죠? 남는 두 명의 남자 중 하나는 뱃사공이고 하나는 피리 부는 소년입니다. 나머지는 여자를 희롱하며 시간을 보내고 있는 양반들이죠. 여자들은 기생들로 보이고요.

신윤복, 〈주유청강〉

　그런데 이 세 명의 양반 중 유독 한 명이 멀찍이 떨어져서서 생황을 부는 기생을 바라보고 있습니다. 이유가 뭘까요? 이 사람의 옷을 보면 중간에 흰색 띠가 둘러 있는데요, 바로 상중에 있을 때 하는 복장이죠. 조선시대에는 삼년상을 치렀습니다. 법도대로 하면 상중에 이런 뱃놀이에 나오면 안 되겠죠. 아마 이 사람은 지루한 상제 노릇을 못 견뎌 뱃놀이는 나왔지만 양심에 걸려 기생과 어울리지는 못하고 쳐다보고만 있는 모양입니다. 이런 그림에 신윤복은 어떤 제발을 적어놓았을까요? 이런 내용입니다.

> 피리 소리는 바람을 타서 아니 들리는데,
> 흰 갈매기는 물결 앞에 날아드네.

재미있는 게 이 그림에는 갈매기가 없습니다. 그림에는 없지만 그림 바깥에 날아다닐 갈매기를 상상한 것이죠. 그리고 눈에 보이지 않는 바람결까지 포착해냅니다. 글을 통해 그림이 더 풍부해지는 느낌이 들죠. 그림에 매몰되지 않고 세상 전체를 바라보며 풍류에 따라 작품을 그리고 쓴 신윤복의 멋이 여기에서 드러납니다.

그날 밤에 무슨 일이 있었나

그다음에 〈월하정인〉^{야행}이라는 작품을 살펴볼게요. 이 그림 또한 참으로 묘한 느낌을 주는 걸작입니다. 신윤복의 그림을 해석할 때는 배경이 큰 역할을 하곤 하는데요, 이는 김홍도와 확연히 구분되는 특징입니다. 김홍도가 주제를 살리기 위해 배경을 그리지 않았다면 신윤복은 주제를 살리기 위해 배경을 더 충실히 그렸죠. 그런데 이 그림의 배경에는 정말 재미있고 놀라운 사실이 숨겨져 있습니다. 한번 같이 보실까요?

우선 달이 떠 있는 걸로 보아 늦은 밤임을 알 수 있습니다. 제발에도 '달이 뜬 삼경', 즉 밤 11시부터 1시 사이라고 적혀 있고요. 그런데 저렇게 볼록한 부분이 위로 가게 엎어진 모양의 초승달은 일상적으로 볼 수가 없어요. 그럼 이건 신윤복의 실수였을까요? 아니면 그냥 상상 속의 달을 그린 것일까요? 이와 관련하여 근래의 흥미로운 연구가 있어 눈길을 끕니다. 볼록한 면이 위로 향하는 달은 월식, 즉 태양-지구-달이 일직선상에 놓여 달이 지구의 그림자에 가려지는 때만 볼 수 있다는 것이죠. 그런데 실제로 그림이 그려졌을 거라 추정되는 시기에 월식이 일어났다는 역사적 기록이 있습니다.

신윤복의 활동 시기로 추정되는 18세기 중반부터 19세기 중반까지 월식 기록을 조사해보면 1784년 8월 30일 정조 8년. 신윤복 26세과 1793년 8월 21일 정조 17년. 신윤복 35세 두 번에 걸쳐 그림 같은 부분월식이 있었습니다. 당시의 일식과 월식은 국가의 운명에 영향을 미치는 아주 중요한 천문 현상으로 여겨졌기 때문에 거의 빠짐없이 기록이 남아 있거든요. 1784년의 월식은 비가 내려 관측할 수 없었습니다. 그러나 1793년의 월식은 관측이 가능했고, 『승정원일기』 제1719책에는 "7월 병오丙午. 15일 밤 2경에서 4경까지 월식이 있었다"고 정확하게 기록돼 있습니다.

즉, 서른다섯의 신윤복이 월식으로 하늘이 어두웠던 어느
날 밤, 몰래 담벼락 밑에서 만나는 두 연인을 실제로 보고
그렸을 수도 있다는 것이죠. 남아 있는 작품은 말이 없지만
역사적 기록과 맞물린 그림의 뒷이야기가 신비한 분위기를
더해줍니다. 그럼 이제 이 그림의 제발을 해석해볼까요?

신윤복, 〈월하정인〉

달빛 으스름한 한밤중
두 사람 마음은 두 사람만 알겠지.

그림과 딱 맞아떨어지는 내용이 아닐 수 없습니다. 그림 속 두 사람은 어딘가로 급히 향하려는 듯 무척 다급해 보입니다. 여자를 보면 한 손으로는 뒤집어쓴 장옷을 지탱하면서 다른 한 손으로는 치마를 잡고 있어요. 급한 발걸음에 치마가 끌리지 않게 들어올린 채 움직이는 중이죠. 그러면서도 발끝은 남자 쪽을 향하고 있으니 남자를 따르고 있다고 짐작할 수 있겠지요. 남자 역시 보통은 하인이 들고 있어야 할 초롱을 직접 손에 들었다는 점에서 하인 몰래 혼자서 여인을 만나러 왔음을 알 수 있습니다. 또 한 손으로는 옷자락이 걸리적거리지 않게 두루마기를 걷어올리고 빨리 움직이려 하는 행색입니다. 아무튼, 뭔가 은밀하고 심상치 않은 일이 벌어지고 있는 현장 같죠?

신윤복이 사랑한 여자?

이 시대 사대부가의 여인들이 외간 남자에게 얼굴을 드러내지는 않았을 테니, 〈월하정인〉 속 여인을 보면 기생인 듯합니다. 여인은 당시의 유행에 따라 가슴이 드러날 듯하게 길이가 짧고 소매가 딱 붙는 저고리에, 풍성하게 부풀어오른 치마를 입고 있습니다. 게다가 저고리의 고름을 완전히 묶지 않고 풀어두었으니 관능미가 넘치는 모습이라고 할 수 있겠네요.

<미인도>도 마찬가지인데요. 그림 속 미인은 정숙한 자세를 취하고, 손으로는 노리개를 만지작거리고 있습니다. 보통 마음이 초조하거나 수줍을 때 무언가를 만지작거리잖아요? 어쩔 줄 몰라하며 눈을 아래로 살짝 내리뜨고 있는 것이 영락없이 부끄러움을 감추지 못하는 모습입니다. 신윤복과 여인이 마주하여 그림을 그리는 어색하면서도 두근거리는 현장, 눈앞에 그려지지 않으시나요? 그렇다면 어째서 신윤복이 그녀를 사랑한 게 아니냐고 추측할까요? 신윤복이 직접 쓴 것으로 보이는

신윤복, <미인도>

〈미인도〉의 제발은 다음과 같습니다.

그린 사람의 가슴에 춘정이 서려 있어
붓 끝으로 능히 초상화를 옮겨낼 수 있었다

관음의 미학

이번에는 〈월하정인〉과 비슷한 느낌의 〈월야밀회〉^{달밤의 만}
^남라는 작품을 만나보시죠. 위에서 아래를 내려다보는 부감

신윤복, 〈월야밀회〉

법俯瞰法을 이용해 그린 그림입니다. 전체적인 분위기는 긴장되고 긴박해 보여요. 남자는 옷차림으로 볼 때 하급 무관인 듯합니다. 하급이라고는 해도 직위가 있는 관리인데, 보름달이 뜬 한밤중에 몰래 여자를 만나고 있는 거죠. 두 사람은 한밤중에 몰래 만날 수밖에 없는 사이인 걸까요? 남자는 밀회를 즐기면서도 마음이 불안한지 발 모양이 바깥쪽을 향하고 있습니다. 언제라도 도망칠 준비가 된 걸까요?

  달빛 아래서 입 맞추고 있는 연인의 옆으로 또다른 여인이 보입니다. 이 여인은 누구일까요? 두 사람의 은밀한 만남을 위해 망을 봐주는 사람일까요? 아니면 지나가다 우연히 두 사람의 모습을 엿보게 된 사람일까요? 진실은 신윤복만이 알겠죠. 다만 이 그림을 보는 우리의 시선도 마치 숨어 있는 여인의 시선처럼, 뭔가 은밀히 엿보는 듯한 기분이 드네요.

  신윤복의 그림 속에서 빈번하게 발견되는 키워드 하나가 바로 '훔쳐보기'입니다. 그는 왜 훔쳐보는 시선을 좋아했을까요? 〈무녀신무〉 같은 다른 작품을 봐도 한창 굿판이 벌어지는 와중에 남의 집 담벼락 너머로 훔쳐보는 한 사내가 있고, 그 사내는 안에 있는 한 여인과 몰래 눈빛을 주고받고

신윤복, 〈무녀신무〉

있습니다. 과감하고 혁신적인 화풍을 선호한 신윤복이었지
만, 실생활에서는 마음이 여리고 수줍음이 많은 사람이 아
니었을까요? 그렇기에 자신을 노골적으로 드러내기보다는
보고 싶고 듣고 싶은 것을 몰래 접하는 사람이었을지도 모
릅니다. 그런 자신의 정서를 그림으로 표출했을 수도 있고
요. 아니면 내밀한 조선의 맨얼굴을 함께 훔쳐보자는 느낌
을 주고 싶어서 이런 모티브를 자주 활용했는지도 모릅니다.

여담처럼 한 가지 이야기를 덧붙이자면, 신윤복이 유명해진 후 그의 화풍을 모방하는 화가들이 나타났습니다. 모작模作들은 때론 그 진위에 대한 논쟁을 일으키는데, 대표적으로 〈사시장춘〉이란 그림이 그렇습니다. 그림을 보면 한 소녀가 술을 나르고, 닫힌 방문 앞에는 남녀의 신발이 놓여 있습니다. 〈사시장춘〉이란 항상 봄이라는 뜻. 방

전傳 신윤복, 〈사시장춘〉

안에서는 남녀 간에 사랑이 오가는 중임을 짐작할 수 있죠.

전체적인 느낌이나 색채 등을 놓고 보면 신윤복의 그림 같고, 인장 역시 '혜원'이라 찍혀 있습니다. 그러나 작법에 미세한 차이가 있다는 주장과 더불어 이 인장이 실제 혜원의 것과 다르다는 의견도 있지요. 논쟁은 있지만 신윤복의 그림이 아니라고 확답을 할 수는 없어 '신윤복의 그림으로 전

해진다'는 의미를 담아 '전(傳)' 신윤복의 〈사시장춘〉이라 부릅니다.

　마지막으로 살펴볼 그림은 신윤복의 〈기다림〉이라는 작품입니다. 원래는 제목이 없지만 그림을 보면 누구나 알 수 있는 정서 때문에 이런 제목으로 불려요. 그림 속 여인은 표정하나 보이지 않지만 빼꼼히 고개를 돌리고 살짝 몸을 앞으로 기울인 모습이, 척 봐도 누군가를 기다리고 있는 듯합니

신윤복, 〈무제〉 또는 〈기다림〉

다. 허리춤에는 모자를 하나 들고 있는데요, '송낙'이라고 하여 평상시 승려가 쓰는 모자입니다. 즉 이 여인은 스님을 기다리고 있는 것이죠. 그들이 어떤 관계인지 그림은 말해주지 않습니다. 다만 배경을 보니 꽃이 화사하게 핀 화창한 봄날이군요. 묵묵히 뒷짐을 진 채, 누군가 나타나기를 바라며 한곳을 한없이 응시하는 이 여인. 기다림이라는 말이 주는 느낌처럼 여운이 길게 남는 그림입니다.

조선 후기, 누구도 도전하지 않았던 파격을 과감히 시도한 인물 신윤복. 이는 어디에도 속하지 않은 채 바람처럼 살다 사라진 그의 삶 덕분이기도 할 테지요. 불안정한 만큼 가슴 떨리고 흥분되는 삶의 매력, 그의 작품들처럼 위험하고 아찔하기에 더 짜릿한, 그것이 어쩌면 진짜 인생 아닐까요.

역사란
흘러가버린 시간이 아니라 괴어 있는 시간,
미래를 향해 도리어 흘러 내려오는
그런 시간이다.

이어령, 문학평론가

민화 우리나라 전통 화법으로 자유롭게 그려진 작자 미상의 그림들. 일반적으로 서민들이 복을 부르기 위한 목적으로 그려 집에 걸어두었다.

설민석도 그린 민화,
당신도 그릴 수 있어요.
한국의 민화

할머니, 할아버지가 계신 시골집 안방 문을 열고 벽을 바라보면 정겹게 걸려 있을 것 같은 그림, 조금은 우스꽝스럽기도 하고 어찌 보면 귀엽기도 한 갖가지 상상 속 동물들이 개성을 뽐내는 그림, 바로 민화입니다. 앞서 풍속화를 통해 우리 조상들의 삶을 들여다봤다면, 이번에는 조상들의 상상력과 교감해보는 시간입니다.

민화가 어떤 그림인지부터 정확히 짚어볼게요. 조선시대에는 도화서라는 국가기관이 존재했습니다. 시험을 거쳐 이곳에 들어간 중인 출신의 화가들은 주로 임금의 초상을 그리거나, 각종 국가 의례와 행사 등을 기록화로 남기는 일을 했죠. 이런 공식 화원이나 양반 문인화가가 아닌 서민들이 그린 그림을 민화民畵라고 합니다.

그 때문에 민화는 그림만 전할 뿐, 누가 그렸는지 모르는 경우가 대부분입니다. 무명 화가들이 밥 한 사발, 막걸리 한 잔에 그려주던 그림이 민화거든요. 붓 가는 대로, 마음 내키는 대로 그린 그림이기에 자유롭고 솔직합니다. 이런 민화는 일반 민중의 집에 장식용 또는 복을 부르고 잡귀를 쫓는 의미로 걸리거나, 과거 시험의 합격을 기원하는 부적으로 쓰이곤 했습니다.

지금부터는 이런 전통 민화에 얽힌 다양한 이야기를 풀어내려 합니다. 한국 민화에는 역시 호랑이 그림이 가장 많고요. 용과 봉황, 기린, 거북 등도 단골 소재였습니다. 이 네 동물은 고대 중국에서 '사령수'라 불리며 동물들의 우두머리이자 서수瑞獸, 운수가 좋은 짐승로 숭상받았지요. 거북은 우리가 흔히 알고 있듯 장수의 상징이라는 점 때문에 사랑받았고, 그 외 상상 속 동물인 용과 봉황, 기린은 이들을 그린 민화를 함께 보며 숨은 의미에 대해 살펴보도록 하겠습니다.

용은 동아시아에서 주로 왕을 상징했어요. 그 때문에 왕의 얼굴은 용안龍顔, 왕의 옷은 용포龍袍, 왕의 의자는 용상龍床, 왕이 흘리는 눈물은 용루龍淚라 불렀죠. 옛날 사람들은 용과 물이 가깝다고 믿었습니다. 그래서 바다에도, 우물에도, 시냇물에도 용이 있다고 생각했어요. 윤동주 시인의 고향인 간도에는 용정촌龍井村이라는 곳이 있는데요, 이 역시 우물을 팠더니 용이 승천했다는 전설에서 비롯된 지명입니다.

용과 마찬가지로 봉황 역시 어진 임금과 어진 정치를 상징합니다. 전설 속의 이야기지만 봉황이 마지막으로 세상에 모습을 보였던 시기가 '요순시대'라고 하는데요, 이는 고대 중국의 신화 속 군주인 요임금과 순임금이 통치하던 시대입니다. 요순시대는 두 임금이 덕으로 천하를 다스렸던 태평성대의 대명사로 알려져 있죠. 이렇듯 훌륭한 치세와 평화로운 시대를 대변하는 게 봉황입니다. 수컷이 봉, 암컷이 황, 합쳐서 봉황이죠.

민화 속 봉황을 보면 닭하고 닮았지만 눈이 길게 찢어졌다는 점이 좀 다릅니다. 봉황은 배가 고파도 벌레나 곡식을 먹지 않는다고 해요. 대신 대나무 열매를 먹고 깨끗한 물만 마시며 오동나무가 아닌 곳에는 앉지 않는 고고한 생명체입니다. 그런 이유로 봉황 그림에는 항상 오동나무나 대나무가 같이 그려져 있습니다.

내가 네 봉이냐?

봉황에 얽힌 재미있는 이야기 하나를 소개해드릴까 해요. '봉이 김선달'이라고 들어보셨죠? 김선달 앞에 왜 '봉이'라는 말이 붙는지 궁금하셨던 적 없나요? 김선달이 어느 날 길을 가다가 큰 닭을 파는 장사꾼을 만납니다. 김선달은 짐짓 "그거 봉이 아니냐?"고 물었고, 닭장수는 피식 웃으며 이건 그저 수탉일 뿐이라고 대답합니다. 굳이 아니라고 하는 닭장수에게 김선달은 재차 "정말 봉이 아니냐?"고 확인하죠. 그러더니 장사꾼에게 "봉이면 아주 비싼 값에 사려고 했다"는 거예요. 이 말에 혹한 닭장수는

〈봉황도〉 조선 19세기 그림.

그제야 "이건 닭이 아니라 봉이 맞다"며 맞장구를 쳐주고 비싼 값에 닭을 팝니다. 김선달은 그길로 고을 원님에게 달려가 자신이 봉을 구했다며 갖다 바칩니다. 원님은 그 닭을 가져와서는 봉황이라고 우기는 김선달을 문초했고, 김선달은 울며 장사꾼에게 속아 그랬노라고 항변해요. 그 말을 들은 원님은 닭장수를 잡아와 곤장을 치고 김선달을 속인 죄를 물어 닭값의 몇 배를 물어주라고 명합니다. 닭장수 입장에서는 어처구니가 없었겠지만 김선달은 유유히 돈을 챙긴 후 사라져버렸죠. 과연 이름난 사기꾼다운 소행인데요, 그때부터 김선달의 이름 앞에 '봉이'라는 별명이 붙었다고 합니다. 흔히 누가 은근히 날 깔보거나 하면 '내가 네 봉이냐?'라는 식의 표현을 쓰곤 하지요. 여기서 봉은 어수룩해 이용해 먹기 좋은 사람을 이르는데, 이 일화에서 유래했다고 보시면 됩니다.

그다음엔 기린을 살펴볼게요. 지금 말하는 기린은 아프리카에 사는 목이 긴 동물이 아니라 용이나 봉황과 마찬가지로 전설 속 동물입니다. 기린은 봉황과 마찬가지로 수컷을 '기麒'라 하고 암컷을 '린麟'이라 한다고 기록되어 있습니다. 기린은 화려한 빛깔의 털을 가지고 있으며, 이마에는 기다란 뿔이 하나 있는 동물인데, 그 생김새가 사슴의 몸에 소의 꼬리, 말과 비슷한 발굽과 갈기를 갖고 있다고 알려져 있습니다. 앞서 말씀드렸듯이 예로부터 용, 거북, 봉황과 함께 사령수로 인식되었죠. 마치 서양의 전설 속 동물인 유니콘 같기도 합니다. 생김새는 비슷하지만 유니콘이 사자도 사냥하는 무서운 존재였다면 기린은 훨씬 온순합니다. 『설문해자』의 기록에 따르면 유니콘과 달리 뿔이 날카롭거나 단단하지 않고, 뿔 자체가 살이라 말랑말랑하다고 해요. 그렇기 때문에 무언가를 들이받거나 찌를 수가 없겠죠. 기린을 사람을 해치지 않는 덕이 있다고 하여 인수仁獸라고 부르는 까닭도 여기에 있습니다.

〈기린도〉

유니콘

또한 예전에는 기린을 훌륭한 위인이 나타날 조짐을 미리 알려주는 상서로운 존재로 보았습니다. 지금은 예전만큼 자주 쓰이지는 않지만, 아주 촉망받는 젊은이, 유망주를 기린아麒麟兒라고 부르는 것도 여기서 유래했죠.

정의로운 서울의 상징, 해치

사령수는 아니지만 한국 전통 민화에서 빼놓을 수 없는 동물이 해치입니다. 해태라는 이름으로 더 잘 알려져 있죠? 해치는 좀 무섭게 생긴 편입니다. 사자를 닮은 이 동물은 무시무시한 뿔이 달린데다가 송곳니가 날카롭게 돋았고 온몸은 동전 모양의 비늘로 덮여 있어 범상치 않은 느낌을 주죠. 다리에 불꽃 모양의 갈기가 있다는 점도 특이하고요.

〈해치도〉

원래 해치는 선악을 구별하고 시시비비를 가리는 능력이 있다고 하여 법과 정의를 상징했습니다. 해치는 분란이 생긴 현장을 보면 어긋난 행동을 한 사람을 골라내 뿔로 들이받고, 들이받아도 그 죄를 다 사하지 못할 정도의 중죄인은 뿔로 공격한 후 먹어치워버린다고 해요. 그런 의미에서 조선시대에는 관리들을 감찰하고 법을 집행하는 사헌부 관리들이 입는 관복의 흉배에 해치가 수놓여 있었습니다. 오늘날에도 국회의사당과 대검찰청 앞에 해치상이 있지요. 또한 해치 석상들은 한결같이 앞이 아닌 옆으로 앉아 고개를 돌리고 있는데요, 이는 사람들을 노려보기 위해서입니다. 해치는 사람 속마음을 들여다보고 잘잘못을 판단하는 동물로, 탐관오리나 나쁜 관리 들이 뜨끔하도록 의도적으로 노려보게끔 만들었습니다.

경복궁 광화문 앞에 해치가 서 있는 이유

해치는 물에 살기 때문에 예로부터 불을 막아주는 힘이 있다고 사람들은 믿었습니다. 그래서 과거에는 화재를 막는 의미로 부엌 같은 곳에 〈해치도〉를 걸어두기도 했죠. 국가적으로도 잦은 화재에 시달렸던 경복궁의 경우, 해치의 기운을 빌리기 위해 궁궐 앞에 해치상을 세워두기도 했습니다. 이와 관련해 조선 건국에 얽힌 이야기가 있어 잠시 소개해볼까 해요.

조선 건국 직후 새로 옮길 수도를 물색하던 중, 조선 건국을 이끌던 정도전은 현재의 경복궁 자리에 궁을 짓고 한양을 수도로 삼자고 주장합니다. 반면 이곳은 관악산의 화기를 그대로 받아 위험하다는 반대 의견도 있었죠. 하지만 결국 도성의 위치는 정도전의 뜻대로 정해집니다. 그 대신 관악산의 화기를 받는다는 반대

숭례문의 현판

20세기 초반 광화문 앞의 해치상

의견도 수렴하여 몇 가지 대책을 마련합니다. 첫번째는 관악산을 마주하는 정남쪽으로 큰문을 세워 화기에 정면으로 대응하게 했는데, 그게 바로 숭례문, 곧 남대문입니다.

조선시대 대부분의 현판글씨나 그림을 새겨 벽이나 문 위에 다는 널조각은 가로로 제작되었는데, 유독 숭례문에 있는 현판만 세로입니다. 세로로 된 현판이 관악산의 화기를 내리찍듯이 눌러 막아주기를 바랐기 때문입니다. 두번째로는 숭례문 옆에

150

연못을 파 화기를 진압하려 했고요. 더불어 청계천에서 광화문으로 오는 길은 직선으로 하지 않고 우회하여 굽어지게 냈는데요, 이 역시 불의 기운이 곧장 오지 못하게 하려는 아이디어였죠. 마지막으로 경복궁 입구인 광화문에 해치상을 가져다놓았습니다.

여기까지 민화에 나오는 신성한 동물들과 그에 얽힌 재미있는 역사 이야기를 해봤습니다. 민화를 접할 기회가 생기면 그림 속 주인공들을 보며 그 의미를 따져보는 것도 나름 흥미로운 일이 되지 않을까 싶어요. 지금부터는 실생활에서도 서로 그려서 주고받을 수 있는, 복을 가져다주는 민화에 대해 알아보기로 하겠습니다.

행운을 드립니다, 여러분께 드립니다,
구복求福 민화

처음에 만날 민화는 〈어변성룡도〉입니다. 이 그림은 조선시대에 과거를 보는 사람들이 받는 대표적인 선물 중 하나였어요. 중국의 역사를 기록한 『후한서』라는 책을 보면, 물고기가 변해서 용이 된다는 내용이 있습니다. 중국 황허 강변에 있는 지역 중 하나인 용문이라는 곳의 전설인데요, 이곳에 있는 용문폭포에는 봄마다 360마리의 잉어가 모여들었다

〈어변성룡도〉

고 해요. 이 잉어들은 폭포에서 물살을 거슬러 마치 연어처럼 거꾸로 솟구쳐오릅니다. 이 역행에 성공한 잉어는 꼬리가 타 없어지며 용이 되어 하늘로 승천한다는 이야기죠. 이렇게 용이 되기 위해 뛰어오르는 잉어의 모습을 그린 그림이 〈어변성룡도〉입니다. 어려운 관문을 통과해 용이 된다는 의미에서 출세의 관문을 일컫는 '등용문'이라는 말도 여기서 생겨난 것이고요. 지금 수험생들에게도 선물로 건넬 법한 그림이죠?

결혼을 할 때 선물로 쓰인 민화들도 있습니다. 금실 좋기로 유명한 원앙 한 쌍을 그린 그림이나, 뿌리가 다른 나뭇가지가 서로 엉켜 마치 한 나무처럼 자라나는 연리지連理枝 현상을 그려서 주기도 하였죠. 또 아래 그림처럼 오리를 그려

152

서 주기도 했습니다. 오리는 한번 짝을 구하면 한쪽이 죽어도 절대 다른 짝을 만나지 않는다고 해요. 그래서 오리는 영원한 인연을 상징했습니다. 또한 오리는 새끼를 잘 돌보는 특징이 있어 가정의 평화를 의미하기도 했죠.

좋은 뜻을 지닌 다른 그림들도 알려드리겠습니다. 바로 꽃 그림들인데요, 송나라의 유학자 주돈이가 쓴 시를 보면 "국화는 속세를 떠나 숨어 사는 은둔이고, 모란은 부귀를 상징하며, 연꽃은 군자를 가리킨다"라는 구절이 있습니다. 그래서 사업을 하시는 분들에게는 부귀를 불러오는 〈모란도〉를, 명예나 가치를 추구하는 분들께는 〈연화도〉를 추천

〈오리가 있는 연화도〉

드립니다. 특히 연꽃 그림은 교직에 계신 선생님들이나 학자 분들께 드리기 정말 좋은 선물이죠. 학자나 교사는 아무래 도 부귀영화보다는 군자로서의 명예가 더 중요하지 않겠어 요? 연꽃은 진흙 속에서 자라나지만 맑고 잔잔한 물에 씻겨 깨끗합니다. 덩굴을 뻗지 않고 가지도 없이 줄기가 곧게 올 라가죠. 향기는 멀리 갈수록 맑아져 그윽한 느낌을 주고요. 고상하고 품위 있는 꽃이죠. 흙탕물 속에서도 곧은 모습과 은은한 향기를 유지하는 꽃이니만큼 군자나 선비를 비유하

〈모란도〉

기에 부족함이 없습니다.

살다 보면 항상 좋은 일만 있을 수 없습니다. 때로는 기회를 기다리며 더 멀리 뛰기 위해 몸을 움츠리고 있어야 하는 시기도 생기죠. 때를 기다리는 분들께는 강태공의 〈조어도〉가 어떨까 싶네요. 강태공은 자신이 활약할 수 있는 때를 기다렸어요. 그

〈조어도〉

는 보통 강가에서 낚시를 하며 시간을 보냈다고 하는데요, 낚시를 하면서도 바늘에 미끼를 끼우지 않은 채 그저 잡는 시늉만 했습니다. 낚시가 목적이 아니라 시간을 보낼 방법이 필요했던 것이죠.

오로지 자신을 알아줄 누군가를 기다린 강태공의 꿈은

이루어졌을까요? 전국에서 인재를 찾던 주나라의 문왕의 신하들이 우연히 강태공을 만납니다. 잠시 대화를 나눠본 후 온갖 분야에 걸쳐 박학다식한 강태공에게 감탄하죠. 이에 신하들은 문왕에게 그를 추천하고, 문왕 역시 강태공의 학식과 됨됨이를 알아보고 재상으로 등용했고, 후일 강태공은 큰 공을 세워 제나라의 왕까지 되었습니다. 〈조어도〉는 낚시를 하고 있는 강태공을 찾아온 군주가 허리를 굽히고 대화를 나누는 모습을 담고 있습니다. 이처럼 기회를 기다리다 포착하여 대박을 터뜨리라는 의미를 담은 그림이 〈조어도〉입니다. 무언가를 준비하며 기량을 갈고닦는 이들에게 선물하면 좋겠지요.

〈수성노인도〉

이외에 장수와 건강을 기원하는 그림 중 잘 알려진 것이 〈수성노인도〉입니다. 어르신들께 드릴 만한 선물이죠. 우리 조상들은 우주에 있는 별들 중 남극성이 인간의 수명을 관장한다고 생각했습니다. 그래서 남극성을 수성壽星이라 부르며, 이 별이 밝게 빛나면 임금과 백성이 오래 살고 행복할 거라 믿기도 했어요. 그런 맥락에서 인간의 수명을 관장하는 '수성노인'이라는 존재를 만들어냈는데요, 수성노인은 그림에서 보듯 작은 키에 긴 이마를 하고, 사슴을 타고 다니며, 손에는 장수를 상징하는 천도복숭아를 들고 있습니다. 수성노인과 같이 있는 동자는 인간들의 수명을 기록한 두루마리와 인간의 혼이 담긴 호리병을 차고 있죠.

중국 송나라의 역사책 중에는 실제로 이 수성노인이 나타났다는 전설 같은 이야기가 전해집니다. 키가 3척¹미터 정도 되는 작은 노인이 나타나 온 마을의 술을 다 마셔버렸는데 전혀 취하지 않았답니다. 이 소문이 황제의 귀까지 전해졌고, 황제는 노인을 데려와 궁궐에 있는 술을 모두 마셔보라며 가져다주죠. 그런데 노인은 거뜬히 술을 다 먹어치운 후 홀연히 사라져버렸다고 해요. 다음날 천문대에서 밤하늘을 보던 황제는 수성이 사라진 것을 발견합니다. 이에 황제가 '어제 만난 노인이 수성노인이었구나' 하고 깨달았다는 이야기가 있습니다.

여기까지 여러 종류의 민화를 감상해보았습니다. 민화는

박선영, 〈비마도飛馬圖〉 상상 속 동물인 유니콘에 개성을 부여해 문자와 함께 풀어낸 현대판 민화.

조선시대에만 존재했던 흘러가버린 옛 그림이 아닙니다. 지금도 언제든지, 얼마든지 그릴 수 있는 그림이죠. 재미있고 따뜻한 상상의 세계를 전통적인 화법으로 그려내거나, 서로에게 복을 빌어주며 상징적인 의미를 지닌 대상을 그려 건네면 그게 민화인 거예요. 위 그림처럼 말이죠.

미술이라고 하면 식견이 부족한 사람은 쉽게 다가설 수 없는 어려운 예술 장르로 생각하기 마련입니다. 값비싼 작품들을 보면 돈 좀 있는 사람의 호사 취미 같은 인상을 주기도 하고요. 하지만 직업 화가가 아닌 일반 서민들도 널리 즐겼던 우리 조상들의 민화처럼, 오늘날 우리도 현대판 민화를 감상하며 미술과 대중 사이의 장벽을 낮추고 여가로 그림을 즐겨보면 어떨까 합니다.

간도와 독도 간도는 현재 중국의 영토이며 중국 현지에서 연길도_{延吉道}라고 부르는 지역이나, 과거 조선의 영토였다. 독도는 대한민국의 영토로 울릉도 동남쪽에 위치한 18만 7000제곱미터 정도 면적의 바위섬이다. 정확한 지번은 경상북도 울릉군 울릉읍 독도리 1~96번지이다.

간도와 독도 이야기

　이제 우리의 이야기도 얼마 남지 않았네요. 제가 마지막으로 소개해드릴 역사는 바로 간도와 독도 이야기입니다. 제가 〈무한도전〉에 출연했을 때 하하씨에게 독도가 왜 우리 땅인지 물어본 적이 있습니다. 방송에 나오지는 않았지만요. 하하 씨는 우리 땅을 우리 땅이라고 하는데 무슨 이유가 필요하냐고 되묻더군요. 하하 씨다운 대답이죠? 내 아버지를 내 아버지라고 굳이 설명할 필요가 없듯이 우리 땅을 우리 것이라 말하는 데 어떤 의문이 따를까 싶을 수도 있겠죠. 하지만 안타깝게도 독도는 우리와 일본 사이에 소유권 분쟁이 있는 지역이고, 왜 우리의 땅인지 논리적이고도 명백하게 설명할 필요가 있는 곳입니다.

우리 역사의 기억을 간직한 땅

독도 이야기에 앞서 간도를 소개해드릴까 해요. 한창 중국의 동북공정이 문제가 된 적이 있었는데요, 이때 논란의 중심이 된 지역 중 하나가 간도죠. 우선 간도의 위치가 어디인지부터 짚어보겠습니다. 압록강의 바로 위 지역을 서간도라고 부릅니다. 두만강의 북쪽에 북간도라고 하는 지역이 있습니다. 중국에서는 연길, 연변이라 불리는 곳이죠.

그렇다면 이 지역은 우리에게 어떤 의미일까요? 저는 간도를 이렇게 부르고 싶어요. '우리 역사의 흔적을 간직한 땅, 우리 역사를 기억하는 땅.' 우리 역사는 만주 지역 일부와 한반도를 중심으로 전개되어 왔습니다. 그중에서도 우리 역사 최초의 국가인 고조선이나, 삼국시대의 한 축이었던 고구려, 고구려를 계승한 발해는 한반도 이북의 만주 지역을 무대로 활동했던 나라들이죠. 하지만 고려시대와 조선시대로 접어들면서 우리 역사의 무대

서간도와 북간도의 위치

는 한반도로 축소되었습니다.

하지만 조선시대에도 일부 조선인들은 간도 지역으로 건너가 개간을 하고 농사를 짓기도 했습니다. 조선 전기, 중국 본토에 중심을 두고 있던 명나라는 변방에 별로 신경을 쓰지 않았습니다. 그런데 명나라에 이어 등장한 청나라는 달랐습니다. 청나라는 여진족이 세운 나라로, 여진족의 발원지가 북간도에서 멀지 않은 만주였거든요. 그러다 보니 이들은 북간도 지역을 신성시하며 여러 가지 의미를 부여하기 시작했습니다. 청나라는 북간도를 봉금지^{封禁地}로 지정하고, 자신들의 영토라 선언하며 조선인들에게 물러날 것을 강요했죠.

이에 영토 분쟁이 벌어지기 시작했고, 그 결과 조선 숙종 때 청나라 관리 목극등과 조선의 대신 박권이 만나 영토 문제를 합의해 그 내용을 비석에 적어 백두산 중턱에 가져다 놓았습니다. 그 비석을 '백두산정계비'라고 부릅니다. 이 비석에는 '서위압록 동위토문^{西爲鴨綠東爲土門}'이라 적혀 있어요. 그 말은 서쪽으로는 압록강을 경계로 청나라와 조선의 영토가 나뉘고, 동쪽으로는 토문강이 지표가 된다는 것입니다.

이 상태가 지속되다가 1883년에 청나라가 비석의 내용 해석에 문제를 제기합니다. 비석의 토문강이 송화강의 지류인 토문강이 아닌 두만강을 말한다는 주장이었죠. 이후 1903년에 고종 황제가 북간도를 함경도에 편입하고, 이범윤이라는 간도 관리사를 파견합니다.

이렇게 청나라와의 간도 문제가 제대로 해결되지 않은 상황에서 대한제국이 멸망을 앞둔 시점에 일본은 북간도를 이용해 청나라와 외교 협상을 벌입니다. 그 결과가 1909년에 맺어진 간도협약입니다. 이때 우리는 1905년 강제 체결된 을사늑약으로 일본에 외교권을 빼앗긴 상태였죠. 일본은 우리 대신 우리 영토를 가지고 청나라와 협상에 나서, 만주에 철도를 부설하고 광산을 채굴할 권리를 받는 대신 간도를 넘겨주겠다는 제안을 해요. 청나라는 이를 받아들였고, 1909년 9월 간도협약에 따라 공식적으로 간도는 청나라 땅이 되었죠.

물론 이제 와서 우리가 간도 지역에 우리 조상인 고조선, 고구려, 발해가 있었다는 이유로 간도를 우리 땅이라고 주장할 순 없을 거예요. 다만 제가 안타까운 것은 우리 역사의 흔적을 간직한 간도에 대한 논의 과정에서 조선의 의견은 철저히 무시된 채 간도협약이 체결되었다는 점이죠.

그런데 우리는 또다른 우리 땅을 잃어버릴 위기에 처해 있어요. 바로 독도 이야기입니다. 일본은 조금이라도 틈이 보이면 독도를 움켜쥐기 위해 갖가지 수단을 동원하고 있어요. 동해는 이미 일본해로 세계 대부분의 지도에 표기되어 있는 상황이고요. 소중한 독도를 지켜내려면 독도가 우리 땅이라고 소리치기 이전에 실제로 왜 우리 땅인지 잘 알아야겠죠? 지금부터 하나하나 독도가 우리 땅일 수밖에 없는 이유를 살펴보기로 하겠습니다.

독도는 우리 땅!

독도가 우리 땅인 가장 큰 근거는 우리가 독도를 점유하고 있다는 사실^{실효적 지배} 자체입니다. 독도에 가보면 독도해양경찰과 독도경비대가 당당히 태극기를 꽂아놓고 독도를 지키고 있어요. 그렇다고 우리가 명분도 없이 무력으로 독도를 차지하고 있는 건 아닙니다. 역사적 자료 또한 어떤 기준으로 따져봐도 명명백백히 독도가 우리 땅이라는 사실을 입증하고 있거든요.

『삼국사기』의 「지증왕본기」 편을 보면 신라의 지증왕이 당시 울릉도에 위치한 우산국을 복속시켰다는 내용이 있어요. 그런데 이 당시 우산국의 세력권에는 독도 역시 포함된 것으로 보입니다. 또한 조선시대에 간행된 각종 사료에도 독도가 우리 영토란 사실이 명시되어 있어요. 『세종실록지리지』에 보면 울진현 동쪽 바다에 울릉도와 독도 두 섬이 표시되어 있고, 16세기에 편찬된 『동국여지승람』에도 울릉도와 우산도가 나온답니다. 근대에 들어와서는 1900년에 고종 황제께서 칙령 제41호를 통해 울릉도를 군으로 승격하면서 울릉도 관할 지역에 포함해 독도가 우리 땅임을 만천하에 공포하기도 했습니다.

대한제국 칙령 제41호

제1조 울릉도를 울도로 개칭하여 강원도에 부속하고 도감을 군수로 개정하여 관제 중에 편입하고 군등郡等은 5등으로 할 것.

제2조 군청 위치는 태하동으로 정하고 구역은 울릉 전도全島, 죽도竹島, 석도石島, 오늘날의 독도를 관할할 것.

_『고종실록』 40권, 37년 10월 25일 첫번째 기사

거꾸로 일본 문서에 독도가 우리 땅임을 알리는 기록도 있습니다. 1877년에 제작된 일본의 내무성 자료를 보면 울릉도를 시마네 현의 관할로 넣을 것인가를 따져보는 공문에

166

서 여러 사항을 고려할 때 울릉도가 조선의 영토가 분명하기에 시마네 현 소속으로 넣을 이유가 없다고 스스로 분석한 내용이 있습니다. 울릉도가 관할이 아니니 울릉도에 사실상 속한 독도는 말할 것도 없죠. 이렇듯 조선도 일본도 모두 조선 땅으로 인정하고 지내왔던 것이 독도입니다.

울릉도 외 일도독도를 지적 편찬에 넣을 것인가에 대한 품의

울릉도를 관할로 할 것인가에 대해 시마네 현으로부터 별지와 같이 질의가 있어서 조사해본 결과, 울릉도는 1692년 조선인이 입도한 이후 별지 서류에서 요약 정리한바.

——제1호 1696년 정월 구정부막부의 평의

——제2호 역관에 보낸 통보서

——제3호 조선에서 온 서한

——제4호 이에 대한 우리나라일본의 답서 및 보고서

등과 같이 우리일본와 관계없는 곳이라고 들었습니다.

　　　　　　_일본 내무성이 태정관에게 올린 품의서, 1877년 3월 17일

앞으로 보고 뒤로 보고 돌려 보고 뒤집어 봐도 우리의 땅이 분명한 독도를 일본은 어떤 이유로 자꾸 자기네 영토라고 우기는 걸까요? 과거로 거슬러올라가면 조선 왕들의 쇄

환 정책조선 전기 울릉도 거주민을 본토로 이주시킨 정책. 일반적으로는 안전 또는 외부 침략에 대비해 주민을 육지로 이주시키는 정책으로 말미암은 상황이 하나의 빌미를 제공합니다. 울릉도나 독도는 지금도 기상 문제로 상륙이 쉽지 않은 지역입니다. 저도 답사를 위해 독도에 다녀온 적이 있는데, 기상 상황 때문에 배편이 무려 세 번이나 취소되고 네번째 시도 만에 들어갈 수가 있었어요. 그렇게 하늘이 허락해야만 닿을 수 있는 섬이 독도입니다. 그러다 보니 관리를 하기도 힘들고, 또한 왜구들의 침입으로 인해 주민들이 피해를 입을 것을 우려하여 섬을 나오도록 했는데 이것이 쇄환 정책입니다.

이렇게 과거에 한때 사람들이 모두 육지로 이주하여 울릉도와 독도가 무인도처럼 텅 빈 적이 있었고, 이때 일본인들이 들어와 자유롭게 어업을 하고 자기네 땅처럼 사용했던 겁니다. 이때 앞장서서 일본 어부들을 쫓아낸 사람이 바로 안용복이라는 사람입니다. 안용복의 활약상을 한번 살펴볼까요? 안용복의 출신에 대해서는 명확한 기록이 없습니다. 생몰년도도 확실하지 않고, 신분 역시 노비라고도 하고, 부산 지역의 전투선에서 노를 젓는 사람이라고도 하죠. 어찌됐든 그가 미천한 신분이었던 것은 확실합니다.

안용복은 숙종 때인 1693년 처음 일본에 가게 됩니다. 정확히는 일본으로 납치당한 것이죠. 앞서 말씀드렸듯 울릉도 부근에서 고기를 잡던 안용복이 마침 울릉도에 고기를 잡으러 온 일본 어부들을 꾸짖었는데, 그러다 일본 어부들에게 붙잡혀 일본으로 끌려간 겁니다. 하지만 일본 막부에서는 안용복을 조선으로 돌려보내라고 하면서 울릉도는 일본의 영토가 아니라는 내용의 서계를 쓰도록 지시합니다.

그런데 조선으로 돌아온 안용복은 허락 없이 국경을 넘은 죄로 곤장을 맞았습니다. 안용복 입장에서는 아주 억울했을 겁니다. 납치당해서 끌려갔다온 데다가, 그래도 울릉도 문제와 관련해서는 성과를 거두었는데 되레 곤장을 맞았으니까요. 어쨌든 안용복이 일본에 다녀온 이후 조정에서는 울릉도와 독도 부근의 영유권 및 어업권에 대해 논의를 벌였고, 결국 일본 막부가 이 지역을 조선의 영토로 인정하고 일본 어민의 어업 활동을 금지했습니다.

하지만 일본 막부의 약속은 실천되지 못하고 있었습니다. 이때 다시 한 번 안용복이 나섭니다. 우선 안용복은 관복과 갓, 조선의 지도 등을 준비해서 조선의 관리 행세를 하며 울릉도에 갑니다. 역시 울릉도에는 일본 어부들이 고기잡이

중이었죠. 이에 1696년 안용복은 일본 어부를 꾸짖고 일본으로 가서 왜 조선 정부와 한 약속을 지키지 않느냐며 화를 냅니다. 여기까지는 좋았는데…… 안용복이 허락 없이 일본에 건너왔음이 들통 나 다시 조선으로 돌려보내집니다. 그리고 조선으로 돌아간 안용복은 더 큰 처벌을 받게 됩니다. 사형이 내려진 거죠. 이번에는 국경을 넘은 죄에 관리를 사칭한 죄까지 더해졌으니까요. 하지만 다행히도 울릉도 문제를 해결하는 데 공이 있음을 인정받아 사형 대신 유배를 가게 됩니다.

안용복의 사례만 봐도, 일본은 이미 조선 후기에 울릉도를 조선의 영토로 인정하고 있었습니다. 독도를 직접 언급하지는 않았지만 울릉도의 부속 도서로 포함시킬 수 있고요. 그럼 일본은 언제부터 독도에 대한 욕망을 드러내기 시작했을까요?

이제까지 역사를 공부하며 무수히 확인한 사실이 그렇듯, 독도 또한 우리의 국력이 약해질 때마다 일본이 깊숙이 손길을 뻗어왔습니다. 러일전쟁중이던 1905년, 일본이 시마네현 고시 40호 일본 정부가 독도를 일방적으로 시마네 현에 편입한 사실을 알린 고시로 독도가 무주지, 즉 주인 없는 땅이라고 선언을 합니다.

그리고 이 무인도에 일본인이 상륙해 어업을 한 사례가 있다는 이유로 이곳이 일본의 영토가 되었다고 발표했습니다. 국력이 급속도로 쇠퇴하는 와중에 독도를 빼앗겨버린 거죠.

우리는 이런 독도를 1945년 광복 직후에 연합군의 문서 SCAPIN 제677호에 의해 울릉도, 제주도와 함께 돌려받습니다. 하지만 1953년 6·25전쟁이 끝나던 해에 일본은 혼란을 틈타 순시선에 관리 및 청년 들을 태우고 와서 독도에 상륙시켰고 영유권을 표명합니다. 이에 홍순칠 대장이 울릉도민들을 규합해 의용수비대를 구축, 일본군을 내쫓은 일도 있답니다. 지금도 일본은 갖가지 외교, 교육 등의 방법을 동원해 여전히 독도를 노리고 있습니다.

고 홍순칠 독도 의용수비대장

여기에 최근 문제가 하나 더 생겼어요. 1998년에 맺은 '신新한일어업협정'을 말하는 것인데요. 원래 한국과 일본은 1965년에 '한일어업협정'을 맺었지만 국제

해양법의 변화 등으로 인해 새로운 협정에 대한 요구가 대두되어 1998년에 다시 신어업협정을 체결했습니다. 바다의 경계를 정할 때 양국 해안에서 똑같은 거리로 선을 긋다보면 필연적으로 겹치는 부분이 생기죠. 이 겹치는 구간을 적당히 타협해서 공동 관리 구역인 중간수역으로 설정하는데요, 독도의 위치가 중간수역에 해당하는 것으로 협정이 맺어진 겁니다. 독도는 한국 영토인데 독도를 둘러싼 바다는 한국과 일본이 같이 관리하는 지역이 되었다는 뜻이죠. 그러다보니 신한일어업협정의 결과로 독도 영유권의 배타성이 훼손되었다는 비판도 있습니다.

왜 독도인가?

일본이 독도를 탐내는 이유는 무엇일까요? 일본은 남태평양의 작은 바위를 섬으로 만들어 인근 바다를 영해로 선언할 만큼 과거부터 영토 욕심이 상당했고, 경제적 이득을 찾는 데 밝은 나라입니다. 독도 자체는 척박한 바위섬이지만 독도를 얻으면 인근의 엄청나게 넓은 바다를 자국 해역으로 삼아 군사기지로 요긴하게 사용할 수 있죠. 당연히 동해의 풍부한 황금어장에서 마음껏 어업을 하는 것은 물론 독도 근해에 매장된 메탄하이드레이트 21세기의 신에너지 자원으로, 농축된 천연가스라고 볼 수 있다. 빙하기 이후 해저 또는 동토 지역에서 고압, 저온으로 형성된 메탄

독도

Q 독도는 어느나라 영토라 생각합니까? 이유는?
일본.
역사적으로 봐도 한국이 군사적으로 빼앗았다고 생각해요.

Q 독도는 어느나라 영토라 생각합니까? 이유는?
일본의 영토라고 생각해요.
학교에서 그렇게 배웠기 때문에요.

Q 독도는 어느나라 영토라 생각합니까? 이유는?
다케시마는 옛날부터 일본것인데 도중에
한국이 빼앗았다라고 배웠습니다.

Q 독도는 어느나라 영토라 생각합니까? 이유는?
다케시마에 가까운 오키섬이 있으니까요.
가까우니까요.

2011년 저자가 직접 시마네 현에 가서 인터뷰한 일본 학생들 하나같이 독도는 당연히 일본의 영토라고 말하고 있다.

의 수화물로. 해저에는 지하에 매장된 석탄·석유·가스량의 두 배에 가까운 메탄하이드레이트가 존재하는 것으로 알려져 있다라는 미래 자원까지 차지할 수 있습니다. 메탄하이드레이트는 채굴이 어려워 아직 실용화하지 못하고 있지만 미래에 석유를 대체할 화석연료로 각광받는 가치 있는 천연자원입니다. 경제적, 군사적, 해양과학적, 지질학적 의미가 높은 곳이 바로 독도입니다. 그래서 그들이 눈독을 들이는 것이고, 그래서 더더욱 지켜내야 하는 땅인 것입니다.

2011년부터 일본 초등학교 사회 교과서에 독도가 일본 영토라고 표기되었고, 현재 일본의 학생들은 그렇게 배우고 있습니다. 일본인들이 독도에 대해 어떻게 생각하는지 궁금해 제가 일본 시마네 현에 직접 간 적이 있어요. 그곳에서 일본 우익들의 살벌한 감시 속에 현지 고등학생 열 명에게 독도에 관한 질문을 해봤는데요, 그중 한 명은 침을 뱉고 화내면서 가버렸고, 나머지 아홉 명은 독도의 올바른 이름은 다케시마이며 일본의 영토이고, 한국이 무력으로 차지하고 있다고 대답했습니다. 학교에서 그렇게 배웠기 때문이라더군요. 한 치의 의심도 없이 독도를 자국 땅이라고 인식하고 있었습니다.

일본과 우리는 화해해야 할 과거도 있고, 공존해야 할 미래도 있습니다. 그러나 각자의 경계에 대한 구분은 확실해야 하지 않겠어요? 독도는 우리 땅이라고 큰 목소리로 주장하는 것도 중요하지만, 이를 뒷받침하는 역사적 지식과 끊임없는 국민적 관심이 무엇보다 중요합니다. 왜 독도가 우리 땅인지 한국인으로서 누구에게나 설명할 수 있는 것, 어렵지 않습니다. 작은 관심과 애정이면 충분합니다. 우리 것을 지키는 힘! 바로 역사에서 찾을 수 있습니다.

1. 기술력과 신앙심의 결정체, 석굴암

1) 본존불 정면에서 본 항마촉지인: 문화재청

2) 석굴암 천장: 문화재청

3) 석굴암 광배: 문화재청

4) 본존불 주변 감실: 문화재청

5) 멀리서 바라본 석굴암 석굴: 문화재청

6) 사천왕상: 문화재청

7) 십대제자상: 문화재청

8) 십일면관음보살상: 문화재청

2. 불상도 모르는 불쌍한 중생을 위하여…… 역사 속의 불상

1) 간다라 미술 양식 불상: 한겨례 신문

2) 백제의 서산 마애여래삼존상: 전병철, 『빨래판도 잘 보면 팔만 대장경이다 2』, 살림터

3) 신라의 경주 석조여래삼존입상: 『빨래판도 잘 보면 팔만대장경이 다 2』

4) 백제의 금동미륵보살반가사유상: 국립중앙박물관

5) 고류지 목조미륵보살반가사유상: 국립중앙박물관

6) 하남 하사창동 철조석가여래좌상: 문화재청

7) 관촉사 석조미륵보살입상: 『한국 생활사 박물관』, 사계절

8) 부석사 소조여래좌상: 『빨래판도 잘 보면 팔만대장경이다 2』

9) 금동관음보살좌상: 『한국 미의 재발견―불교 조각』, 솔

10) 부처상: 문화재청

11) 보살상: 국립중앙박물관

3. 이소룡도 반해버린 한국의 탑

1) 민간에서 쌓은 돌탑: 『빨래판도 잘 보면 팔만대장경이다 2』

2) 고려의 흥법국사 실상탑: 『빨래판도 잘 보면 팔만대장경이다 2』

3) 탑의 세부 이름: 『빨래판도 잘 보면 팔만대장경이다 2』

4) 미륵사지 석탑: 좌_두산백과사전 두피디아, 우_문화재청

5) 미륵사 복원 모형도: 전북 익산시

6) 감은사지 삼층석탑: 『빨래판도 잘 보면 팔만대장경이다 2』

7) 마주보고 있는 불국사 석가탑(좌)과 다보탑(우): 『한국 미의 재발견―탑』, 솔

8) 현재 용산 국립중앙박물관에 전시된 경천사지 십층석탑: 태건에듀

9) 원각사지 십층석탑: 『빨래판도 잘 보면 팔만대장경이다 2』

10) 〈사망유희〉의 한 장면: 작자 미상

11) 영화 〈킬빌〉의 한 장면: 작자 미상

12) 이소룡이 구상했던 〈사망유희〉: 네이버카페 이소룡월드

13) 법주사 팔상전과 금동미륵대불 실제 모습: 작자 미상

4. 읽는 데만 30년! 팔만대장경

1) 무구정광대다라니경: 문화재청

2) 통일성을 지닌 팔만대장경의 글자들: 해인사

3) 해인사 장경판전에 보관된 대장경: 문화재청

5. 독자 여러분, 돈 많이 버세요! 한국의 화폐

1) 명도전: 두산백과사전 두피디아

2) 반량전: 국립중앙박물관

3) 건원중보: 한국은행 화폐박물관

4) 삼한통보: 두산백과사전 두피디아

5) 해동통보: 한국은행 화폐박물관

6) 활구(은병): 시공미디어

7) 상평통보: 한국은행 화폐박물관

8) 당백전: 한국은행 화폐박물관

9) 제일은행권: 한국은행 화폐박물관

10) 500원 동전: 한국은행 화폐박물관

11) 1000원 지폐 앞뒷면: 한국은행 화폐박물관

12) 겸재 정선, 계상정거도: 작자 미상

13) 5000원 지폐 앞뒷면: 한국은행 화폐박물관

14) 만 원 지폐 앞뒷면: 한국은행 화폐박물관

15) 〈일월오봉도〉: 국립고궁박물관

16) 보현산 천문대 1.8미터 광학망원경: 경향닷컴

17) 5만 원 지폐 앞뒷면: 한국은행 화폐박물관

18) 〈월매도〉: 고등학교 한국사 교과서, ㈜미래엔

19) 〈풍죽도〉: 고등학교 한국사 교과서, ㈜미래엔

6. 알면 알수록 빠져드는 우리의 세시풍속

1) 복조리: 한국민족문화대백과

2) 탕평채: 권명준

7. 초상화부터 풍속화까지! 만능 재주꾼 단원 김홍도

1) 〈사군자〉: 네이버캐스트

2) 〈들국화〉: 동국대박물관

3) 〈점심〉: 국립중앙박물관

4) 〈씨름〉: 국립중앙박물관

5) 〈논갈이〉: 국립중앙박물관

6) 〈길쌈〉: 국립중앙박물관

7) 〈무동〉과 〈씨름〉의 부분: 국립중앙박물관

8) 〈황묘농접도〉: 간송미술관

9) 〈송하맹호도〉: 호암미술관

10) 〈구룡연도〉: 간송미술관

11) 〈서당〉: 국립중앙박물관

8. 난 여자가 아니랍니다, 혜원 신윤복

1) 〈이광사 초상〉: 최석조, 『옛사람들의 풍류』, 아트북스

2) 〈자모육아〉: 간송미술관

3) 〈단오풍정〉: 간송미술관

4) 〈주유청강〉: 간송미술관

5) 〈월하정인〉: 간송미술관

6) 〈미인도〉: 간송미술관

7) 〈월야밀회〉: 간송미술관

8) 〈무녀신무〉: 간송미술관

9) 전 신윤복, 〈사시장춘〉: 국립중앙박물관

10) 〈무제(기다림)〉: 간송미술관

9. 설민석도 그린 민화, 당신도 그릴 수 있어요, 한국의 민화

1) 〈봉황도〉: 정병모 외, 『민화이야기』, 열다

2) 〈기린도〉: 도쿄 일본민예관

3) 유니콘: 서울신문 나우뉴스

4) 〈해치도〉: 영월 조선민화박물관

5) 숭례문의 현판: 문화재청

6) 20세기 초반 광화문 앞의 해치상: 작자 미상

7) 〈어변성룡도〉: 가나아트센터

8) 〈오리가 있는 연화도〉: 김재춘

9) 〈모란도〉: 서울역사박물관

10) 〈조어도〉: 파리 국립기메동양박물관

11) 〈수성노인도〉: 『민화 이야기』

12) 〈비마도〉: 박선영

10. 간도와 독도 이야기

1) 서간도와 북간도의 위치: 고등학교 한국사 교과서, ㈜삼화출판사

2) 고 홍순칠 독도의용수비대장: 독도의용수비대 기념사업회

3) 독도: 정유나

4) 시마네 현에서 인터뷰한 일본 학생들: 태건에듀

설쌤과 함께
역사 여행을
떠나요!

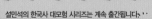

설민석의 한국사 대모험 시리즈는 계속 출간됩니다.

설민석의 무도 한국사 특강
미니북 세트 3권:문화유산 편
ⓒ설민석 2016

1판 1쇄 발행 2016년 7월 26일
2판 1쇄 발행 2019년 11월 11일

지은이 설민석
펴낸이 황상욱

기획 황상욱 윤해승 **편집** 윤해승 이은현
디자인 최정윤 **마케팅** 최향모 이지민
일러스트 홍원표
제작 강신은 김동욱 임현식 **제작처** 영신사

펴낸곳 (주)휴먼큐브
출판등록 2015년 7월 24일 제406-2015-000096호
주소 10881 경기도 파주시 회동길 455-3 3층

문의전화 031-8071-8685(편집) 031-8071-8670(마케팅) 031-8071-8687(팩스)
전자우편 byvijay@munhak.com

트위터 @humancube44 **페이스북** fb.com/humancube44